本书为国家社科重大课题
“构建面向全球的高标准自由贸易区网络研究”
（课题编号22ZDA062）的成果之一
本书受宁波大学中东欧经贸合作研究院项目资助

BILATERAL MERCHANDISE TRADE STRUCTURE AND PERFORMANCE BETWEEN CHINA AND CENTRAL EASTERN EUROPEAN COUNTRIES

中国—中东欧国家双边货物贸易结构与绩效

尚宇红　张　琳　廖　佳　杨丹萍◎著

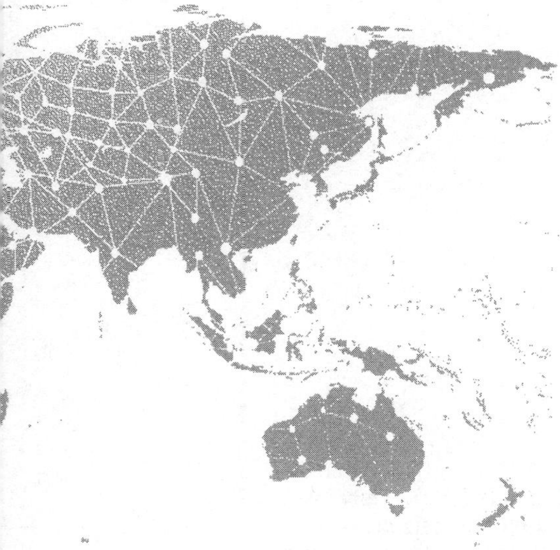

中国经济出版社
CHINA ECONOMIC PUBLISHING HOUSE
北　京

图书在版编目（CIP）数据

中国—中东欧国家双边货物贸易结构与绩效 / 尚宇红等著．--北京：中国经济出版社，2023.6

ISBN 978-7-5136-7373-0

Ⅰ．①中…　Ⅱ．①尚…　Ⅲ．①双边贸易-贸易结构-研究-中国、欧洲　Ⅳ．①F752.75

中国国家版本馆 CIP 数据核字（2023）第 117665 号

责任编辑　赵静宜
责任印制　马小宾
封面设计　任燕飞装帧设计工作室

出版发行　中国经济出版社
印 刷 者　北京富泰印刷有限责任公司
经 销 者　各地新华书店
开　　本　710mm×1000mm　1/16
印　　张　11.5
字　　数　170 千字
版　　次　2023 年 6 月第 1 版
印　　次　2023 年 6 月第 1 次
定　　价　88.00 元
广告经营许可证　京西工商广字第 8179 号

中国经济出版社　**网址** www.economyph.com　**社址** 北京市东城区安定门外大街 58 号　**邮编** 100011
本版图书如存在印装质量问题，请与本社销售中心联系调换（联系电话：010-57512564）

序言
PREFACE

中国—中东欧国家合作机制建立于2012年，到2022年撰写本书时恰好是合作机制建立的第十个年头，撰写本书也算是为中国—中东欧国家合作机制建立十周年献礼。到本书完稿的2023年，正好是“一带一路”倡议提出十周年。中东欧国家作为“一带一路”进入欧洲大市场的“桥头堡”，其重要性不言而喻，特别是在党的二十大报告提出“推动共建‘一带一路’高质量发展”的要求后，系统梳理与回顾中国与中东欧国家双边贸易结构及取得的绩效尤为重要且必要。

在合作机制建立十周年之际，总结分析中国—中东欧国家双边贸易取得的成绩和存在的问题，对巩固双边经贸关系、进一步拓展经贸合作、进一步完善中国—中东欧国家合作机制，均具有重要的意义。鉴于此，本书在系统梳理中国和每个中东欧国家双边货物贸易结构的基础上，系统地分析了双边贸易绩效的成因。为全面系统地分析双边贸易结构，作者分别按联合国货物贸易的三个分类：经济大类（BEC）、国际贸易标准分类（SITC）和海关编码分类（HS）来分析双边贸易结构，并从中分析双边贸易的互补性。在贸易绩效方面，分别就中国—中东欧国家双边贸易的二元边际绩效和市场份额绩效两个方面进行了系统分析。其中市场份额绩效的分析采用了国际贸易绩效分析文献里经典的恒定市场份额分析（CMSA）模型。

总体上，2012—2021 年中国—中东欧双边货物贸易发展取得了巨大的成就，双边贸易结构不断优化，贸易总额增长迅速。2021 年中国与中东欧 14 国总体的贸易总额达到了 2012 年的 2.5 倍，年均增速高达 11.9%，既远超同期中国对全球贸易年均 5.1%的增长水平，也远超中东欧 14 国总体对全球贸易年均 5.0%的增长水平。与此同时，中国—中东欧双边贸易中的贸易不平衡问题、增长不平衡问题依然存在。虽然贸易不平衡问题有相对缓解的趋势，但从绝对额的视角来看，这一问题还在继续扩大，而且中东欧 14 国同中国的贸易增长存在的不均衡问题还略有扩大的趋势。对于这些成绩和问题的总结与回顾，有利于我们优化未来与中东欧国家的贸易结构、调整双边贸易政策。鉴于此，本书提出的一些对策，期望能为巩固、拓展中国—中东欧国家经贸合作提供具有建设性的参考意见。

全书结构安排如下：第一至第十四章分别为中国和 14 个中东欧国家双边货物贸易结构与绩效的分析，第十五和十六章分别是对中国和 14 个中东欧国家双边贸易结构和市场绩效的比较分析。其中，尚宇红承担了第一章的撰写和全书的数据处理工作，张琳承担了第二至第八章的撰写工作，廖佳承担了第九至第十四章的撰写工作，杨丹萍承担了第十五和第十六章的撰写工作。

需要指出的是，中东欧国家的范畴在 2022 年出现了一些调整，本书中的 14 个中东欧国家和中国—中东欧国家合作官网（china-ceec.org）（2022 年 12 月）保持了一致的范畴。此外，本书对中东欧国家章节的先后顺序并无特别安排，大体是按地理位置从北到南，从西到东，先欧盟成员国后非欧盟成员国来安排的。由于时间仓促，本书不足之处在所难免，恳请各位专家学者不吝批评指正！

上海对外经贸大学中东欧研究中心

2023 年 6 月

目 录
CONTENTS

第一章

中国—波兰双边贸易结构与绩效分析

第一节　双边贸易概况

2012年中国—中东欧合作机制建立以来，中国—波兰双边经贸关系日益密切，双边货物贸易发展迅速，2012—2021年中国在波兰的贸易伙伴国地位从第3位上升到了第2位，仅次于德国。波兰同中国的贸易总额的占比从5.12%提升到了8.11%，中国产品在波兰的市场份额从9.02%提升到了14.80%，在贸易伙伴国地位上进一步缩小了与德国的差距。

从中国的视角看，2012年双边贸易总额为143.8亿美元，到2021年双边贸易总额达到了421.2亿美元，2012—2021年年均增速高达12.7%。从波兰的视角看，2012年双边贸易总额为190.1亿美元，到2021年双边贸易总额达到了529.8亿美元，2012—2021年年均增速高达12.1%[①]。均远高于双边对全球的货物贸易水平，这一期间中国在全球的贸易总额年均增速为5.09%，波兰在全球的贸易总额年均增速为6.49%，双边贸易发展迅速得益于双边经济

① 本书中的所有贸易数据在没有特别申明的情况下均来自联合国贸易统计数据库（UN-Comtrade）或根据该数据库整理计算而得。由于统计方法的不同贸易伙伴国双方看到的同年度双边贸易额一般是不相同的（进口额是到岸价，而出口额为离岸价，二者之间除了运输保险费和运费等中间费用的差距，按年计算的贸易统计时间也有误差：出口方的当年统计包含了该年度年底的出口，而这对于进口方而言，有可能就成为下一个年度的进口）。为了真实地反映双边贸易情况，在研究双边贸易时有必要分别从双边的视角来观察双边贸易。

增长均快于全球平均水平而产生的贸易引致效应，但更主要的是得益于中国—中东欧合作机制带来的双边经贸关系的日益密切。

2012—2021 年中国—波兰双边贸易发展趋势可以用双边货物贸易指数及货物贸易平衡度来表示，如图 1.1 所示。

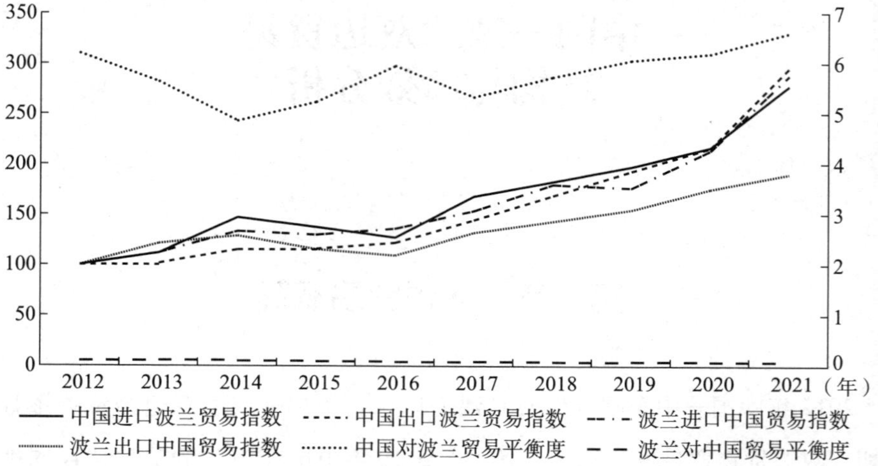

图 1.1　中国—波兰双边货物贸易指数及平衡度（%）

注：1. 进出口贸易指数均以 2012 年为基年（2012 年指数 = 100）；

2. 贸易平衡度等于出口额与进口额的比值；

3. 贸易平衡度指标采用右侧坐标，其余 4 条线均为左侧坐标。

数据来源：作者根据 UN-Comtrade 数据计算而得。

从图 1.1 中可以看出：（1）中国进出口波兰的贸易指数几乎重合，且除 2015 年外呈现出一致的上涨趋势，表明中国对波兰贸易的发展非常稳定；（2）波兰进口中国贸易指数除 2015 年外也呈现平稳上涨趋势，但出口贸易指数在 2018—2019 年出现了比较明显的下降趋势，对中国出口增长趋势明显低于对中国进口增长趋势，在一定程度上反映了对中国产品的依赖明显高于对中国市场的依赖；（3）从贸易平衡度来看，中国对波兰出口额是进口额的 5～7 倍，而这一数字在波兰一方看来却高达 10～15 倍（波兰对中国进口额比出口额），这一方面表明中波双边货物贸易存在巨大的不平衡，中国长期保持了非常大幅度的贸易顺差，另一方面也表明由于统计方法的问题，在中国看来比较大的贸易顺差会变成在波兰看来非常巨大的贸易逆差，进一步加剧了波兰对双边贸易不平衡问题的不满。

第二节　双边出口贸易结构

对贸易产品的不同分类会产生不同的贸易结构观察视角，本书采用了联合国贸易统计数据库的所有三大类货物贸易分类方法：经济大类（BEC）、国际贸易标准分类（SITC）和海关编码分类（HS）。[①]

一、经济大类视角下的出口结构变化趋势

联合国货物贸易统计中的经济大类把所有的贸易品划分为19类，并按其最终的用途属性归结为消费品、中间品、资本品和广泛用途四大类。中国—波兰双边货物贸易结构变化如表1.1所示。

表1.1　中国—波兰双边货物出口贸易结构（按经济大类）　单位：%

贸易伙伴 / 年份 / 种类	中国出口波兰产品		波兰出口中国产品	
	2012年	2021年	2012年	2021年
消费品占比	29.25	24.22	9.56	14.20
中间品占比	40.02	44.89	77.81	68.54
资本品占比	30.62	29.92	12.39	17.20
广泛用途占比	0.11	0.97	0.25	0.06

数据来源：作者根据UN-Comtrade数据计算而得。

从表1.1中可以看出：（1）相较于2012年，2021年[②]中国出口波兰的消费品比重出现了明显的下降趋势，而中间品的份额则表现为明显的上升趋势，资本品占比变化不大，表明中国中间品在波兰进口市场的比较优势得到了进一步的提升，在一定程度上反映了波兰企业对中国产品的依赖程度有所上升，

① 本书各章与此相同。

② 2021年较2012年出口结构虽有小幅波动，但变化趋势总体保持不变，由于数据的可得性，本书仅以期初与期末两期来呈现贸易结构的变化，其他各章节相同。

由此与中国的关联度进一步深化；（2）同期，波兰出口中国产品结构表现出与中国结构明显的差异，其消费品和资本品比重均得到显著的提升，而中间品占比却出现了较大幅度的下降，表明其消费品和资本品在中国市场的竞争力得到了较大程度的提升，但中间品的相对比较优势则有所下降。

二、产品要素属性视角下的出口结构变化趋势

根据国际贸易标准分类方法（SITC）可以粗略地把出口产品划分为资源密集型、劳动密集型和资本技术密集型①，据此 2012—2021 年②中国（波兰）出口到波兰（中国）的产品结构如表 1.2 所示。

表 1.2　中国—波兰双边货物出口贸易结构（按要素门类）　单位：%

贸易伙伴 / 产品类别 / 年份	中国出口波兰产品			波兰出口中国产品		
	2012 年	2019 年	2021 年	2012 年	2019 年	2021 年
资源密集型产品占比	2.65	1.70	1.03	11.51	13.44	11.24
劳动密集型产品占比	49.82	48.27	42.37	51.56	46.28	46.68
资本技术密集型产品占比	47.53	50.03	56.60	36.93	40.28	42.09

数据来源：作者根据 UN-Comtrade 数据计算而得。

从表 1.2 中可以看出：（1）中国出口波兰产品中初级产品（资源密集型产品）占比非常低，而且还在不断降低，劳动密集型产品占比呈下降趋势，资本技术密集型产品比重有明显的上升，且在 2019—2021 年加速了这一变化趋势，这表明中国出口波兰产品的结构得到了明显的优化，高附加值出口产

① 国际贸易标准分类（Standard International Trade Classification，简称：SITC）按 1 位编码分类把出口产品划分为：SITC 0～SITC 9 十大门类，从 0 类开始，依次为“粮食及活动物”“饮料及烟叶”“除燃料外的非食用未加工材料”“矿物燃料、润滑油及有关物质”“动物及植物油、脂肪及蜡”“未列明的化学及有关产品”“主要按材料分类的制成品”“机械和运输设备”“杂项制成品”“未列入其他分类的货物及交易”。为进一步地简化分类，第 0 至第 4 类可以粗略地认作资源密集型产品（或初级产品），第 5、第 7、第 9 类可以粗略地认作资本技术密集型产品，第 6 和第 8 类可以认作劳动密集型产品。当然这只是粗略的划分，用于对出口产品结构进行初步考察，更深入的研究需要比较精准的分类方法。

② 2012—2021 年出口结构虽有小幅波动，但变化趋势总体保持不变，由于数据的可得性，本书仅以期初、期中（2019 年）与期末三期来呈现贸易结构的变化，其他各章节相同。

品比值稳步提升；（2）波兰出口中国产品结构变化趋势和中国的情况大体相同，出口结构同样得到了一定程度的优化，不同的是2019—2021年趋势变化不如中国变化得明显；（3）同中国出口结构相比，波兰出口中国产品中资源密集型产品和劳动密集型产品占比较高，在一定程度上说明了波兰的资本技术密集型产品同中国相比竞争力还比较弱。

三、产业视角下的出口结构变化趋势

按海关（HS）2级编码分类，出口产品可以划分为98个子行业①，即使是按大类划分也要划分为22个大类，不方便在书中展示，为简化表格同时不失出口结构在行业层面展现的主要特征，本书用双边出口七大类产品（HS2级编码分类）的结构变化，来替代在行业视角下双边出口结构的变化，如表1.3所示②。

表1.3　中国—波兰双边货物出口产品结构　　单位：%

贸易伙伴	年份	农食产品占比	机电仪器和交通工具占比	化矿金属占比	纺织鞋帽占比	橡塑皮革占比	玩具钟表占比	木材纸张非金属占比
中国出口波兰	2012年	2.25	53.86	10.91	14.29	5.36	9.16	4.19
	2021年	0.76	57.44	13.16	10.14	4.37	10.52	2.80
波兰出口中国	2012年	4.85	29.11	52.48	0.50	6.44	4.51	2.10
	2021年	6.79	41.68	35.92	1.10	6.31	3.27	4.90

注：表中各类产品对应的HS两位代码参见脚注③。

数据来源：作者根据UN-Comtrade数据计算而得。

从表1.3中可以看出：（1）相较于2012年，2021年双边出口贸易的前三大产品的类别没有变化，但前三大产品集中度略有下降，且下降趋势主要体

① HS编码是世界海关组织编制的关于国际贸易商品分类的标准目录，用以统一各国海关对商品分类的界定标准，HS编码全称《商品名称及编码协调制度的国际公约》，简称协调制度（Harmonized System，缩写为HS编码）。

② 本书各章与此相同

③ 农食产品包括HS01~24章，机电仪器和交通工具包括HS84~93章，化矿金属包括HS25~38章、HS72~83章，纺织鞋帽包括HS50~67章，橡塑皮革包括HS39~43章，玩具钟表包括HS71章、HS94~97章，木材纸张非金属包括HS44~49章、HS68~70章。

现在第一大贸易品，即机电仪器和交通工具类产品（HS84~93章）上，表明该类产品的市场竞争优势弱化；（2）中国出口波兰的第一大类产品（机电仪器和交通工具类）相对比较优势有所强化，但第二大类产品（纺织鞋帽类）占比则下降超4个百分点，其第二大贸易品的地位已让位于化矿金属类产品，与此同时，波兰出口中国则呈现反向变化趋势，其化矿金属类产品的相对比较优势明显弱化，出口占比从52.48%下降至35.92%；（3）双方在彼此市场出口产品类别有较大的相似性，机电仪器和交通工具类产品均是双边出口占比最大的品种，但波兰对中国出口产品中农食类产品已取代橡塑皮革类产品，占据出口第三大贸易品地位，这与合作机制框架下中国与中东欧国家间针对农产品的贸易便利化措施的实施密不可分。

第三节　双边贸易绩效分析

双边贸易绩效主要体现为彼此出口产品在对方进口市场份额的增长，总的市场份额增长得越多表明在对方进口市场取得的绩效越大。本节通过产品市场二元边际分析（BMA）、双边贸易互补性分析以及恒定市场份额分析（CMSA）来考察市场绩效的成因，本节主要采用联合国贸易统计数据库中市场细分最为详细的海关编码（HS）六位码分类。

一、市场绩效的二元边际分析

边际分析的核心思想是通过市场广度和深度来刻画一国出口产品在其贸易伙伴国进口市场中的拓展模式，主要是通过拓展深度或广度而获得的。以下以中国产品在波兰市场的广度和深度分析方法为例，简单说明其核心思想和计算方法及其推导公式①。

具体的计算方法是假设中国产品第 t 年在波兰市场的市场份额（也称市

① 后续各章三元边际分析均采用相同方法及公式计算而得，后文各章不再赘述。

场绩效）为 S_t，则其可以分解为广度边际（也称广度绩效，记为 $S_t^{广}$）和深度边际（也称深度绩效，记为 $S_t^{深}$）的乘积，即 $S_t=S_t^{广}\cdot S_t^{深}$。

其中，$\underbrace{S_t}_{市场份额}=\frac{M_t}{M_t^*}=\frac{\sum_{i\in K_t}M_{ti}}{\sum_{i\in K_t^*}M_{ti}^*}$，$M_t$ 为波兰第 t 年进口中国的产品总额（$*$表示世界），i 为产品类别，K_t 为波兰第 t 年进口中国的产品的种类集合（$*$表示世界）。

$$S_t^{广}=\frac{\sum_{i\in K_t}M_{ti}^*}{\sum_{i\in K_t^*}M_{ti}^*},\quad S_t^{深}=\frac{\sum_{i\in K_t}M_{ti}}{\sum_{i\in K_t}M_{ti}^*}\quad 显然有\ S_t=S_t^{广}\cdot S_t^{深}\quad 公式（1-1）$$

为方便理解这一方法的核心思想，我们可以用以下集合示意图（如图 1.2 所示）来表示中国产品第 t 年在波兰市场的市场份额（S_t）、广度绩效（$S_t^{广}$）和深度绩效（$S_t^{深}$）。

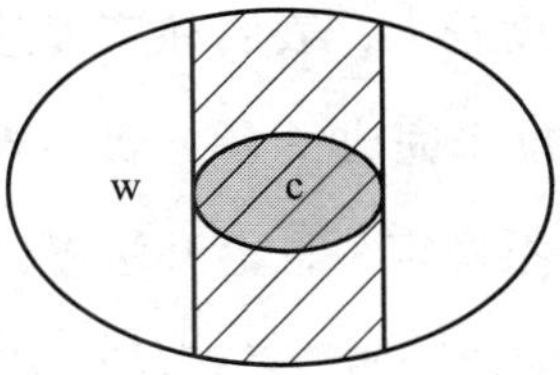

图 1.2　二元边际示意图

示意图中大椭圆的面积表示波兰进口世界的进口总额（记为 S_W），小椭圆 C 的面积为进口中国的总额（记为 S_C），阴影部分的面积为波兰进口包含中国产品种类的所有商品进口总额（记为 S_{WC}），显然广度效应即为 S_{WC}/S_W，刻画了中国产品种类在波兰市场的覆盖度大小，而深度效应即为 S_C/S_{WC}，刻画了中国产品在其所在产品种类的进口市场所占的份额。

根据公式（1-1）采用 HS6 位编码计算得出的中国（波兰）出口产品在波兰（中国）进口市场的二元边际如表 1.4 所示。

表 1.4　2012—2021 年中波出口产品在彼此市场的二元边际　　单位：%

贸易伙伴 \ 二元边际指标 \ 年份		2012 年	2013 年	2014 年	2015 年	2016 年	2017 年	2018 年	2019 年	2020 年	2021 年
波兰产品在中国市场	广度	52.6	52.70	52.10	56.40	59.40	57.00	54.90	56.80	58.30	54.60
	深度	0.21	0.22	0.29	0.29	0.27	0.32	0.31	0.33	0.36	0.38
	份额	0.11	0.11	0.15	0.16	0.16	0.18	0.17	0.19	0.21	0.21
中国产品在波兰市场	广度	84.40	75.80	77.00	79.80	79.90	83.20	82.30	83.50	87.70	89.80
	深度	10.70	12.40	13.80	14.80	15.60	14.60	14.10	14.80	16.50	16.50
	份额	9.00	9.40	10.60	11.80	12.40	12.10	11.60	12.30	14.40	14.80

数据来源：作者根据 UN-Comtrade 数据计算而得。

从表 1.4 中可以看出：（1）2012—2021 年中国和波兰产品均在对方进口市场取得了巨大的绩效，波兰产品在中国的市场份额从 0.11% 提高到了 0.21%，几乎增加了一倍；同时中国产品在波兰市场的份额从 9% 提高到了 14.8%，增加了 60%；（2）中国产品在波兰进口市场的广度和深度均有所提高，特别在深度方面提升幅度较大，表明在广度达到一定程度以后，市场份额的获得主要靠加大市场深度来完成；（3）波兰产品在中国进口市场的广度总体表现为上升趋势，但并不稳定，且上升缓慢，在中国市场份额的获取也主要依靠加大市场深度来完成，表明波兰产品在中国很难打开新的市场。

二、双边贸易互补性分析

双边贸易互补性描述了双边供需（出口和进口）的匹配程度，A 国出口世界的结构同 B 国进口世界的结构越匹配，则称 A 国对 B 国的贸易互补性越高。一般而言，A 国对 B 国的互补性越高，越有利于 A 国对 B 国的出口，贸易互补性变强，更有利于 A 国对 B 国的出口增长。

目前国际贸易文献中，双边贸易互补性有多种计算方法，本书采用出口结构与进口结构的相似性来表示，具体公式如下：

$$\text{中国对} CEE \text{国家的贸易互补性} = \sum_i Min\{\theta_{EXi}^{\text{中国}},\ \theta_{IMi}^{CEE}\}$$

公式（1-2）

其中，$\theta_{EXi}^{中国}$表示中国对全球出口产品中第 i 类产品的出口比重，θ_{IMi}^{CEE}表示某中东欧国家进口世界产品中第 i 类产品的比重，Min 为取极小值。

公式（1-2）的几何意思比较直观，描述了中国出口世界的结构分布和同期某中东欧国家进口世界结构分布的重合程度（也有文献称为相似性），反映了中国出口结构（供给结构）和某中东欧国家进口结构（需求结构）的匹配程度①。

同理，

$$CEE\text{ 国家对中国的贸易互补性} = \sum_i Min\{\theta_{EXi}^{CEE},\ \theta_{IMi}^{中国}\}$$

公式（1-3）

根据公式（1-2）和公式（1-3），采用海关国际通用编码（HS）两位码计算而得的中国对波兰贸易互补性，以及波兰对中国贸易互补性如表 1.5 所示。

表 1.5　2012—2021 年中波贸易的互补性

年份 贸易伙伴	2012 年	2013 年	2014 年	2015 年	2016 年	2017 年	2018 年	2019 年	2020 年	2021 年
中国出口对波兰进口	0. 577	0. 586	0. 614	0. 645	0. 648	0. 636	0. 636	0. 649	0. 679	0. 682
波兰出口对中国进口	0. 526	0. 510	0. 523	0. 530	0. 523	0. 515	0. 503	0. 502	0. 527	0. 520

数据来源：作者根据 UN-Comtrade 数据计算而得。

从表 1.5 中可以看出：（1）2012—2021 年中国对波兰的贸易互补性稳步上升，2021 年达到 0. 682，较 2012 年上升 18. 2%，表明中国的产品供给能够较好地满足波兰的需求，这在一定程度上解释了中国对波兰出口年均 12. 8% 的增长率；（2）同期，波兰对中国的贸易互补性稳中有降，表明波兰产品与中国市场需求的匹配程度略有下降，使得波兰对中国出口年均增速（7. 4%）远低于中国对波兰的出口；（3）中波两国贸易互补性差距进一步扩大，结合前述二元边际分析，波兰因未能在中国成功开拓新市场，仅仅依靠现有市场深度的提升，并不利于未来双边贸易的平衡发展。

① 后续各章互补性分析均采用相同方法及公式计算而得，后文各章不再赘述。

三、恒定市场份额分析（CMSA）

CMSA 的核心思想是把一国出口产品在其贸易伙伴国进口市场中的市场绩效（通常是市场份额或其变化）分解为结构效应与竞争力效应两部分之和，结构效应反映了该国产品结构是否合理或者是否适应进口国市场需要的变化，竞争力效应衡量了该国产品在目标国细分市场的竞争力的变化情况，市场份额既可以通过优化结构获得，也可以通过提高细分市场产品竞争力而获得。这两种分析方法分别从不同视角解释了市场绩效的获取模式，虽然不同但又有一定的内在联系。

1. 恒定市场份额模型综述

恒定市场份额模型（Constant Market Share Model，简称 CMSA 模型）最初是由 Tyszynski（1951）提出的，后经 Leamer 等（1970）、Jempa（1986）、Milana（1988）、欧洲央行（ECB，2005）、尚宇红（2016）等学者的不断扩展完善，目前已经成为国际贸易研究领域的重要模型。

CMSA 模型经过 70 多年的演化，出现了多种分解形式，因研究对象不同各文献采取了不同的具体公式，但其核心都是因假设了：如研究对象国出口产品（在目标地）的上一期细分市场份额不变（恒定市场份额的含义所在），那么，由此而得的市场份额增长率被称为结构效应，而其余部分为竞争力效应（由于细分市场的竞争力变化而获得），由此而称之为恒定市场份额分析（CMSA）。

2. 本书 CMSA 模型的修正与创新

本书的 CMSA 模型是在尚宇红（2016）的基础上进一步修正而得，修正的好处有两个方面：（1）被分解的部分（总效应）就是市场份额的增加部分，而非市场份额增长率的代理变量，修正后的模型总效应含义更为明确；（2）新的分解进一步区分了竞争力效应究竟是来源于老产品的竞争优势变化，还是来源于因打入新的产品市场而获得的市场份额增加。在本书中，这两部分分别被称为：老品竞争效应和新品竞争效应。可以进一步地把竞争力效应分解为两部分的原因是本书的细分市场是基于海关 6 位编码的产品市场计算而得的，而以前的大部分 CMSA 文献的计算中对于产品的分类方法多基于比较宽泛的行业分类①，这些文献的计算如果是基于比较细的行业分类（例如基于海关 6 位编码的产品层面分类），其模型一般都会出现不可计算问题，关于这一点下文还会具体举例说明。

本书的 CMSA 具体的基本分解如公式（1-4）所示：

$$\underbrace{\Delta s_t}_{\text{总效应}} = \underbrace{\sum_{i\in\Omega} s_{0i}\cdot(\theta_{ti}^* - \theta_{0i}^*)}_{\text{结构效应}} + \underbrace{\sum_{i\in\Omega}(s_{ti} - s_{0i})\theta_{ti}^*}_{\text{竞争力效应}} \qquad 公式（1-4）$$

以下以中国产品在波兰市场的绩效分析为例来予以说明。

其中，s 表示中国产品在波兰进口市场的份额，$\Delta s_t = s_t - s_0$，$t(0)$ 表示当期（初期），$s_t(s_0) = \frac{M_t}{M_t^*}$ （$\frac{M_0}{M_0^*}$）表示当期（初期）中国产品的市场份额，$*$ 表示世界，$M(M^*)$ 表示波兰进口中国（世界）总额。

$s_{ti} = \frac{M_{ti}}{M_{ti}^*}$，表示在第 t 期中国第 i 类产品的市场份额。

$\theta_{ti}^* = \frac{M_{ti}^*}{M_t^*}$，表示第 t 期波兰进口世界产品中第 i 类产品所占的比重。

Ω 表示波兰进口中国产品种类集合，需要说明的是，这里假定了初期和当期进口中国产品的种类集合（Ω_0 和 Ω_t）是一致的。事实上，在分类比较粗略（仅仅分为几个类别）的情况下，二者总是一致的，这也是绝大多数文献的做法；二者不一致的情况将在下文进一步讨论。

公式（1-4）的推导见附录 1。根据公式（1-4）表达的含义可知：

总效应等于中国产品在波兰进口市场份额当期较上期的变化，正值表示增加，表示当期（第 t 期）中国产品总体在波兰市场较初期（第 0 期）的市场份额得到了提升。

结构效应为正，表示在波兰进口产品细分市场中，中国产品多数分布在

① 需要明确指出的是，CMSA 的计算结果会因其对产品分类方法的不同而不同，时间分期的不同而不同。CMSA 的分解首先需要确定产品的分类方法，以及市场份额变化的起始（初期）和结束（当前）时间，其次才能进行计算。

增长快（$\theta_{ti}^{*}-\theta_{0i}^{*}>0$）的细分市场中，由此即使是在细分市场的竞争力（细分市场的份额）不变，总的市场份额也会（因结构合理而）提高，因而可以认为：中国产品在波兰市场具有结构优势。

竞争力效应为正，表示在波兰进口产品的细分市场中，中国多数产品的竞争力得到了提高（$s_{ti}-s_{0i}>0$），由此而提高了总的市场份额。

当波兰在当期进口中国产品的种类集合（Ω_t）和初期种类集合（Ω_0）不一致的时候①，只需把公式（1-4）中的产品种类集合 Ω 定义为：$\Omega=\Omega_0\cup\Omega_t$ 即可。

这时可能会出现个别种类（k）的市场份额 s_{tk}（或 s_{0k}）没有意义，因而需要定义没有意义的 s_{tk}（或 s_{0k}）$=0$，定义仅仅是保障公式（1-4）中所有 $i\in(\Omega_0\cup\Omega_t)$ 的 s_{ti} 或 s_{0i} 都是有意义的，不影响公式（1-4）的正确性。

s_{ti} 或 s_{0i} 没有意义的情况分两种：第一种情况是某个产品类别（不妨设为第 k 类）在初期的进口世界额 $M_{0k}^{*}\neq0$，但是到当期退出了市场（$M_{tk}^{*}=0$），此时 $s_{tk}(=0/0)$ 就失去了意义；第二种情况是当期的某个产品类别（不妨设为第 k 类）在初期没有进口（$M_{0k}^{*}=0$），这时 $s_{0k}(=0/0)$ 就失去了意义。

此时，基本公式（1-4）就变成了：

$$\underbrace{\Delta s_t}_{\text{总效应}} = \underbrace{\sum_{i\in(\Omega_0\cup\Omega_t)} s_{0i}\cdot(\theta_{ti}^{*}-\theta_{0i}^{*})}_{\text{结构效应}} + \underbrace{\sum_{i\in(\Omega_0\cup\Omega_t)}(s_{ti}-s_{0i})\theta_{ti}^{*}}_{\text{竞争力效应}} \qquad \text{公式（1-5）}$$

公式（1-5）的推导见附录 2。

进一步，可从公式（1-5）中的竞争力效应，把当期中国因进入新产品而产生的市场份额（称之为新品竞争力效应）独立出来，那么剩下的部分可称之为：老品竞争力效应。

这时，具体分解如下：

$$\underbrace{\Delta s_t}_{\text{总效应}} = \underbrace{\sum_{i\in\Omega_0} s_{0i}\cdot(\theta_{ti}^{*}-\theta_{0i}^{*})}_{\text{结构效应}} + \underbrace{\sum_{i\in\Omega_0}(s_{ti}-s_{0i})\theta_{ti}^{*}}_{\text{老品竞争力效应}} + \underbrace{\sum_{i\in(\Omega_t-\Omega_0)} s_{\mathrm{ti}}\cdot\theta_{ti}^{*}}_{\text{新品竞争力效应}}$$

公式（1-6）

① 当产品分类比较细时，二者一般都不一致。

把新品种效应从竞争力效应中独立出来，主要是为了进一步区分竞争力效应究竟是来源于老产品的竞争优势变化，还是来源于因打入新的产品市场而获得的市场份额增加。新产品效应总是正的，因为开拓新市场带来的总是市场份额的增加。

公式（1-6）的推导见附录3①。

3. CMSA 模型的数据说明

为了充分体现结构是否合理以及对新产品进入市场带来的影响，本书采用最细的产品级别，即 HS6 位编码分类法，所有数据均来自联合国贸易统计数据库 2012 版的 HS 分类。

在分期上，和多数文献一样采用一年的做法，即当期和初期差一个年份。这么做主要是基于 CMSA 模型的前提假设［如果本期研究对象国产品在贸易伙伴国的细分市场份额和上期一致，那么由此而获得的市场份额（或其变化）被称为结构效应］在一年范围内是可以接受的，而当期和初期如果时间跨度较大，则这个假设就失去了现实意义，从而其分析结果也失去了参考价值。

当然本书还是无法避免 CMSA 模型自身的两个缺陷：第一个缺陷是 CMSA 的分类方法不同，得出的结构会略有差异，一般在同类型分类的情况下，市场分得越粗略，竞争力效应对总效应的影响就越大而对结构效应的影响则越小，例如在不对市场做细分的极端情况下，总效应就等于竞争力效应，而结构效应总是零。第二个缺陷是 CMSA 中用进口额数据计算而得的市场份额会受到价格因素的影响而扭曲其丰富的含义，当然这是任何计算一揽子商品总量而采用价值加总方法都固有的缺陷。

4. CMSA 模型分析结果

根据公式（1-6）以及我们的分类和分期方法计算而得的中国产品 2013—2021 年在波兰进口市场的 CMSA 逐年分解结果如表 1.6 所示，增长率为各效应与初期的市场份额的比值，与绝对量变化相比，增长率视角更能突

① 后续各章恒定市场份额分析均采用相同方法及公式计算而得，故后文各章不再赘述。

出反映各效应的相对变化。

表 1.6　2013—2021 年中国产品在波兰进口市场的 CMSA 逐年分解

视角	效应	2013 年	2014 年	2015 年	2016 年	2017 年	2018 年	2019 年	2020 年	2021 年	年均
绝对量（0.1%）	新品竞争	0.06	0.21	0.05	0.08	0.29	0.07	0.07	8.08	0.18	1.01
	结构效应	3.86	6.31	11.60	2.59	1.21	-1.01	8.72	10.80	-3.50	4.52
	老品竞争	-0.20	5.72	0.18	3.73	-4.42	-4.81	-1.18	2.23	6.90	0.90
	总效应	3.71	12.20	11.90	6.40	-2.93	-5.76	7.61	21.20	3.58	6.43
增长率（%）	新品竞争	0.06	0.23	0.05	0.06	0.23	0.05	0.06	6.55	0.13	0.83
	结构效应	4.28	6.72	10.97	2.20	0.97	-0.83	7.54	8.80	-2.42	4.25
	老品竞争	-0.23	6.09	0.17	3.16	-3.55	-3.96	-1.02	1.81	4.77	0.80
	总效应	4.12	13.04	11.19	5.42	-2.35	-4.74	6.58	17.16	2.48	5.88

注：年均为前 9 年效应的简单平均数。

数据来源：作者根据 UN-Comtrade 数据以及公式（1-6）计算而得。

从表 1.6 中可以看出：（1）从总的效应看，2013—2021 年中国产品在波兰的市场份额除 2017 年和 2018 年之外都在增加，特别是 2020 年市场份额扩张超过 2%，较上年同期增长接近 20%，表明中国产品在波兰市场的总体竞争力在不断提升。（2）从三种效应对综合竞争力的贡献看，来自结构效应的贡献最大，且在绝大多数年份结构效应都是正数，这表明在此期间中国出口波兰的产品多数年份非常适应波兰进口市场的增长，大部分产品都集中在波兰进口增长较快的细分市场上。（3）新品竞争力对总体市场份额的增长贡献平均达到了每年增加 0.1%的水平，表明中国每年都有新产品进入波兰市场，特别是 2020 年对市场份额的增长贡献达到接近 40%，估计是受新冠肺炎疫情的影响，中国又有较多新产品打开了波兰市场。结合二元边际的分析，可以看出新品竞争力的贡献和二元边际中广度的变化基本一致，不同的是广度同时考虑了新产品的进入和老产品的退出。（4）老品竞争力多数年份也是正数，表明多数年份中国大多数产品在原有细分市场的竞争力都在一定程度上得到了提高，结合结构效应就解释了二元边际分析中市场深度不断增长的原因——中国产品不但适应波兰进口产品增长的结构，而且在多数细分市场的竞争力也在不断提高。

同理根据公式（1-3）以及我们的分类和分期方法计算而得的波兰产品2013—2021年在中国进口市场的CMSA逐年分解结果如表1.7所示。

表1.7　2013—2021年波兰产品在中国进口市场的CMSA逐年分解

视角	效应	2013年	2014年	2015年	2016年	2017年	2018年	2019年	2020年	2021年	年均
绝对量（0.01%）	新品竞争	0.27	0.34	0.16	0.22	0.13	0.09	0.13	0.24	0.10	0.19
	结构效应	-1.38	0.28	0.66	-0.19	-0.44	-0.44	-0.36	2.40	-1.80	-0.14
	老品竞争	1.57	2.91	0.53	-0.37	2.52	-0.76	2.10	-0.72	1.48	1.03
	总效应	0.46	3.53	1.35	-0.34	2.21	-1.10	1.87	1.92	-0.23	1.07
增长率（%）	新品竞争	2.47	3.01	1.04	1.35	0.82	0.52	0.76	1.25	0.46	1.30
	结构效应	-12.60	2.48	4.39	-1.17	-2.75	-2.40	-2.08	12.68	-8.64	-1.12
	老品竞争	14.30	25.38	3.56	-2.29	15.74	-4.19	12.27	-3.81	7.07	7.56
	总效应	4.16	30.88	8.99	-2.11	13.81	-6.06	10.95	10.13	-1.11	7.74

注：年均为前9年效应的简单平均数。

数据来源：作者根据UN-Comtrade数据以及公式（1-6）计算而得。

从表1.7中可以看出：（1）从总的效应看，2013—2021年多数时间波兰产品在中国进口市场的总市场份额得到了增加，虽然增加的绝对幅度并不大，但相对增长率确实比较高，经过9年的增长市场份额几乎增加了一倍，这一点从二元边际分析中也可以看出来；（2）总市场份额增加的主要贡献来自老产品竞争力的不断提升和新产品的不断进入，这一点同中国产品在波兰市场的表现是不一样的，说明两者进入对方市场的模式或市场渠道不一样，中国产品在波兰市场的增加既凭借合理的产品结构，也依靠细分市场竞争力的不断提升；（3）波兰产品在中国市场的结构效应在此期间多数年份是负数，表明波兰产品在中国市场的结构不够合理，产品结构的变化跟不上中国进口需求结构的变化，多数产品分布在中国进口增长比较缓慢的细分市场，因此波兰应该在不断尝试将新产品打入中国市场的同时，更加注重及时调整自己的出口产品结构，以适应中国进口需求的变化，这或许比较困难，因为出口结构的调整一方面受到已有市场渠道的限制，另一方面也受到国内产业结构的限制。

第四节　本章小结

通过上述对中波双边货物贸易结构和绩效进行分析，我们可以看到中波两国近十年来双边贸易额增长迅速，超过同期各自对世界的贸易增速，中国在波兰的贸易伙伴国地位进一步提升，表明双边贸易发展趋势良好。同时，双边贸易不平衡问题依然存在，中国对波兰的贸易平衡度与初期相比并未得到明显改善。用联合国贸易统计数据库的所有三大类货物贸易分类方法：经济大类（BEC）、国际贸易标准分类（SITC）和海关编码分类（HS）分析双边贸易结构发现中波双边贸易互补性较强，但二者呈截然相反的变化趋势，中国对波兰的贸易互补性稳步上升，而波兰对中国的贸易互补性则稳中有降，表明波兰产品与中国市场需求的匹配程度略有下降，同时双方在彼此市场出口产品类别上有较大的相似性，机电仪器和交通工具类产品均是双边出口占比最大的品种。

通过二元边际分析发现，中波双方在对方进口市场份额的获得主要靠提高市场深度来完成，表明波兰产品在中国很难打开新的市场。这一点通过恒定市场份额分析（CMSA）的结论得到进一步验证，中国在波兰进口市场份额的增长主要是由结构效应带来的，表明中国出口波兰的产品多数年份非常适应波兰进口市场的增长，而波兰在中国进口市场份额的增长则主要来自原有产品竞争力的提升，波兰企业可以通过及时调整出口产品结构、进一步拓展市场渠道等方式扩大波兰对华出口规模。

附录1　公式（1-4）的推导

从公式（1-4）的右面开始，则

$$\sum_{i\in\Omega} s_{0i}\cdot(\theta_{ti}^{*}-\theta_{0i}^{*})+\sum_{i\in\Omega}(s_{ti}-s_{0i})\theta_{ti}^{*}$$

$$=\sum_{i\in\Omega} s_{ti}\cdot\theta_{ti}^{*}-\sum_{i\in\Omega} s_{oi}\theta_{0i}^{*}$$

$$=\sum_{i\in\Omega}\frac{M_{ti}}{M_{ti}^{*}}\cdot\frac{M_{ti}^{*}}{M_{t}^{*}}-\sum_{i\in\Omega}\frac{M_{0i}}{M_{0i}^{*}}\cdot\frac{M_{0i}^{*}}{M_{0}^{*}} \qquad \text{（附录1式）}$$

$$=\frac{\sum_{i\in\Omega}M_{ti}}{M_{t}^{*}}-\frac{\sum_{i\in\Omega}M_{0i}}{M_{0}^{*}}$$

$$=\frac{M_t}{M_t^{*}}-\frac{M_0}{M_0^{*}}=s_t-s_0=\Delta s_t$$

附录2　公式（1-5）的推导

根据细分市场份额的定义可知：$s_{0i}=0$，$[i\in(\Omega_t-\Omega_0)]$，及 $s_{ti}=0$，$[i\in(\Omega_0-\Omega_t)]$ 可得：

$$\Delta s=s_t-s_0=\sum_{i\in\Omega_t}s_{ti}\cdot\theta_{ti}^{*}-\sum_{i\in\Omega_0}s_{oi}\theta_{0i}^{*}$$

$$=\left(\sum_{i\in\Omega_t}s_{ti}\cdot\theta_{ti}^{*}+\sum_{i\in(\Omega_0-\Omega_t)}s_{ti}\cdot\theta_{ti}^{*}\right)-\left(\sum_{i\in\Omega_0}s_{oi}\theta_{0i}^{*}+\sum_{i\in(\Omega_t-\Omega_0)}s_{0i}\cdot\theta_{0i}^{*}\right)$$

$$=\sum_{i\in(\Omega_t\cup\Omega_0)}s_{ti}\cdot\theta_{ti}^{*}-\sum_{i\in(\Omega_0\cup\Omega_t)}s_{oi}\theta_{0i}^{*}$$

$$=\sum_{i\in(\Omega_0\cup\Omega_t)}s_{0i}\cdot(\theta_{ti}^{*}-\theta_{0i}^{*})-\sum_{i\in(\Omega_0\cup\Omega_t)}(s_{ti}-s_{0i})\theta_{ti}^{*}$$

（附录2式）

附录3　公式（1-6）的推导

再由 $\Omega_0\cup\Omega_t=\Omega_0\cup(\Omega_t-\Omega_0)$ 可得：

$$\sum_{i\in(\Omega_0\cup\Omega_t)} s_{0i}\cdot(\theta_{ti}^{*}-\theta_{0i}^{*})$$
$$=\sum_{i\in\Omega_0} s_{0i}\cdot(\theta_{ti}^{*}-\theta_{0i}^{*})+\sum_{i\in(\Omega_t-\Omega_0)} s_{0i}\cdot(\theta_{ti}^{*}-\theta_{0i}^{*}) \qquad \text{（附录 3 式）}$$
$$=\sum_{i\in\Omega_0} s_{0i}\cdot(\theta_{ti}^{*}-\theta_{0i}^{*})$$

同理可得：

$$\sum_{i\in(\Omega_0\cup\Omega_t)} (s_{ti}-s_{0i})\theta_{ti}^{*}$$
$$=\sum_{i\in\Omega_0} (s_{ti}-s_{0i})\theta_{ti}^{*}+\sum_{i\in(\Omega_t-\Omega_0)} (s_{ti}-s_{0i})\theta_{ti}^{*} \qquad \text{（附录 4 式）}$$
$$=\sum_{i\in\Omega_0} (s_{ti}-s_{0i})\theta_{ti}^{*}+\sum_{i\in(\Omega_t-\Omega_0)} s_{ti}\cdot\theta_{ti}^{*}$$

附录 4　式两端各减去附录 3 式两端，并结合附录 2 式可得：

$$\underbrace{\Delta s_t}_{\text{总效应}}=\underbrace{\sum_{i\in\Omega_0} s_{0i}\cdot(\theta_{ti}^{*}-\theta_{0i}^{*})}_{\text{结构效应}}+\underbrace{\sum_{i\in\Omega_0} (s_{ti}-s_{0i})\theta_{ti}^{*}}_{\text{老品竞争力效应}}+\underbrace{\sum_{i\in(\Omega_t-\Omega_0)} s_{\mathrm{ti}}\cdot\theta_{ti}^{*}}_{\text{新品竞争力效应}}$$

第二章

中国—匈牙利双边贸易结构与绩效分析

第一节　双边贸易概况

匈牙利地处欧洲中部，东邻乌克兰、罗马尼亚，南接塞尔维亚、克罗地亚、斯洛文尼亚，西靠奥地利，北连斯洛伐克，位于东西方交会处，地理位置优越，区位优势突出，基础设施完善，劳动力性价比高，投资环境较好，形成了汽车、电子、制药、信息、可再生能源及物流等支柱产业，奠定了其在欧洲的生产基地和物流集散中心的地位。中国与匈牙利虽相距遥远，但友谊源远流长。近年来，在“一带一路”倡议和中国—中东欧合作框架下，中匈关系日益紧密，两国高层交往频繁，双边合作不断深化①。

匈方实施的“向东开放”政策与中国的共建“一带一路”倡议成功对接，为中匈经贸合作发展注入新动能，双边货物贸易发展迅速，2012—2021年中国在匈牙利的贸易伙伴国地位从第10位上升到了第7位，位于捷克之后。匈牙利同中国的贸易总额的占比从3.66%提升到了4.39%，中国产品在匈牙利的市场份额从5.74%提升到了7.06%，在贸易伙伴国地位上进一步缩小了与德国的差距。

---

① 商务部国际贸易经济合作研究院、中国驻匈牙利大使馆经济商务处、商务部对外投资和经济合作司：《对外投资合作国别（地区）指南——匈牙利》（2021版）。

从中国的视角看，2012 年双边贸易总额为 80.6 亿美元，到 2021 年双边贸易总额达到了 157.1 亿美元，2012—2021 年年均增速高达 7.7%。从匈牙利的视角看，2012 年双边贸易总额为 72.2 亿美元，到 2021 年双边贸易总额达到了 123.0 亿美元，2012—2021 年年均增速高达 6.1%。均远高于双边对全球的货物贸易水平，这一期间中国在全球的贸易总额年均增速为 5.09%，匈牙利在全球的贸易总额年均增速为 3.99%，双边贸易发展迅速得益于双边经济增长均快于全球平均水平而产生的贸易引致效应，但更主要的是得益于中国—中东欧合作机制带来的双边经贸关系的日益密切。

2012—2021 年中国—匈牙利双边贸易发展趋势可以用双边货物贸易指数及货物贸易平衡度来表示，如图 2.1 所示。

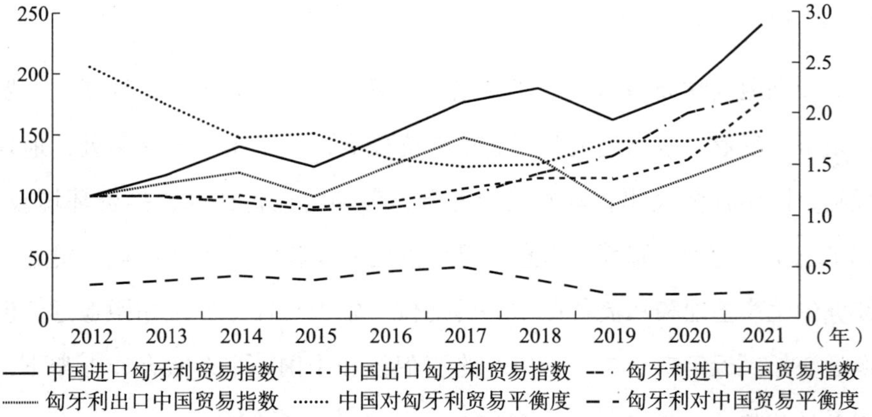

图 2.1　中国—匈牙利双边货物贸易指数及平衡度（%）

注：1. 进出口贸易指数均以 2012 年为基年（2012 年指数=100）；

2. 贸易平衡度等于出口额与进口额的比值；

3. 贸易平衡度指标采用右侧坐标，其余 4 条线均为左侧坐标。

数据来源：作者根据 UN-Comtrade 数据计算而得。

从图 2.1 中可以看出：（1）中国进口匈牙利的贸易指数呈现出明显的上涨趋势，但出口指数则维持平稳状态，仅在 2018 年后才出现缓慢增长，表明从中国视角来看，双边贸易顺差出现缓解；（2）匈牙利进口中国贸易指数 2018 年后出现加速上涨趋势，但出口贸易指数在 2017—2019 年出现了比较明显的下降趋势，对华出口增长趋势明显低于对华进口增长趋势，在一定程度上反映了对华产品的依赖明显高于对华市场的依赖；（3）从贸易平衡度来看，中国对匈牙利出口额是进口额的 1.5~2.5 倍，而这一数字在匈牙利一方看来却高达 2~5 倍（匈牙利对华进口额比出口额），这一方面表明中匈双边货物贸易存在一定的不平衡，中国长期保持了较大幅度的贸易顺差，另一方面也表明由于统计方法的问题，在中国看来比较大的贸易顺差会变成在匈牙利看来非常巨大的贸易逆差，进一步加剧了匈牙利对双边贸易不平衡问题的不满。

第二节　双边出口贸易结构

一、经济大类视角下的出口结构变化趋势

中国—匈牙利双边货物贸易结构变化如表 2.1 所示。

表 2.1　中国—匈牙利双边货物出口贸易结构（按经济大类）　　单位:%

种类＼年份＼贸易伙伴	中国出口匈牙利产品		匈牙利出口中国产品	
	2012 年	2021 年	2012 年	2021 年
消费品占比	9.44	12.18	2.19	10.60
中间品占比	49.27	54.60	72.86	50.71
资本品占比	41.27	32.36	22.38	22.20
广泛用途占比	0.02	0.86	2.57	16.50

数据来源：作者根据 UN-Comtrade 数据计算而得。

从表 2.1 中可以看出：（1）相较于 2012 年，2021 年中国出口匈牙利的中间品比重略有上升，而资本品份额则表现为明显的下降趋势，消费品占比变化不大，表明中国中间品在匈牙利进口市场的比较优势略有提升，加之 2020 年中国首次成为匈牙利最大的外资来源国①，这在一定程度上反映了匈牙利产

① 2020 年，中国对匈牙利投资逆势上扬，全年总计 10 个中资项目落地，投资额约为 6.64 亿欧元。截至 2020 年底，中国对匈累计投资逾 55 亿美元，占对中东欧总投资的一半，创造 2.3 万个就业岗位，匈继续保持我国在中东欧第一大投资目的国地位。

业链与中国关联度进一步深化；（2）同期，匈牙利出口中国的消费品和广泛用途类商品比重均出现显著提升，而中间品占比却出现了较大幅度的下降，资本品占比变化不大，表明其消费品和广泛用途类商品在中国的市场竞争力得到了较大程度的提升，但中间品的相对比较优势则有所下降；（3）中匈双边贸易结构出现恶化趋势（或者说消费品贸易占比提高），双边产业关联的深化更多地表现为匈牙利生产体系对中国中间品的依赖不断强化。

二、产品要素属性视角下的出口结构变化趋势

中国（匈牙利）出口到匈牙利（中国）的产品结构如表 2.2 所示。

表 2.2 中国—匈牙利双边货物出口贸易结构（按要素门类） 单位：%

产品类别 \ 贸易伙伴 / 年份	中国出口匈牙利产品		匈牙利出口中国产品	
	2012 年	2021 年	2012 年	2021 年
资源密集型产品占比	0.25	0.30	2.55	3.05
劳动密集型产品占比	24.61	30.97	13.48	22.95
资本技术密集型产品占比	75.14	68.73	83.97	74.00

数据来源：作者根据 UN-Comtrade 数据计算而得。

从表 2.2 中可以看出：（1）2012 年中国出口匈牙利产品中资源密集型产品占比非常低，但 2021 年该比率略有上升，劳动密集型产品占比呈上升趋势，资本技术密集型产品比重则出现明显的下降，这表明中国出口匈牙利的产品结构并未优化，高附加值出口产品比值在下降；（2）匈牙利出口中国产品结构变化趋势和中国的情况大体相同，出口结构同样出现一定程度的恶化，不同的是，其趋势变化较中国变化更为明显；（3）同中国出口结构相比，匈牙利出口中国产品中资本技术密集型产品占比比较高，在一定程度上说明了匈牙利的资本技术密集型产品同中国相比竞争力比较大。

三、产业视角下的出口结构变化趋势

此处，以中匈双边出口七大类产品（HS2 级编码分类）的结构变化来展现出口结构在行业层面的主要特征，如表 2.3 所示。

表 2.3　中国—匈牙利双边货物出口产品结构　　单位：%

贸易伙伴	年份	农食产品占比	机电仪器和交通工具占比	化矿金属占比	纺织鞋帽占比	橡塑皮革占比	玩具钟表占比	木材纸张非金属占比
中国出口匈牙利	2012 年	0.23	88.94	3.17	3.44	1.47	2.18	0.56
	2021 年	0.29	76.09	9.41	4.53	3.40	4.17	1.33
匈牙利出口中国	2012 年	0.63	87.71	5.83	0.14	3.08	1.36	1.23
	2021 年	1.35	72.60	13.00	0.75	3.50	5.80	2.98

数据来源：作者根据 UN-Comtrade 数据计算而得。

从表 2.3 中可以看出：（1）相较于 2012 年，2021 年双边出口贸易的前三大产品的类别没有变化，但前三大产品集中度略有下降，且下降趋势主要体现在第一大贸易品，即机电仪器和交通工具类产品（HS84～93 章）上，表明该类产品的市场竞争优势弱化；（2）中国（匈牙利）出口匈牙利（中国）的第一大类产品（机电仪器和交通工具类）相对比较优势出现比较明显的弱化，尽管中国出口的纺织鞋帽类商品占比提高了 1 个百分点，但其第二大贸易品的地位已让位于化矿金属类产品，与此同时，第二大类产品（化矿金属占比，HS25～38 章、HS72～83 章）相对比较优势则得到了明显的强化；（3）双方在彼此市场出口产品类别有较大的相似性，机电仪器和交通工具类产品均是双边出口占比最大的品种，表明双边在上述产业间的关联相对比较密切。

第三节　双边贸易绩效分析

一、市场绩效的二元边际分析

中国（匈牙利）出口产品在匈牙利（中国）进口市场的二元边际如表 2.4所示。

表 2.4 2012—2021 年中匈出口产品在彼此市场的二元边际 单位：%

贸易伙伴 \ 二元边际指标 \ 年份		2012 年	2013 年	2014 年	2015 年	2016 年	2017 年	2018 年	2019 年	2020 年	2021 年
匈牙利产品在中国市场	广度	52.50	49.20	48.80	53.00	55.30	53.30	51.90	51.80	54.30	50.00
	深度	0.24	0.28	0.34	0.32	0.39	0.42	0.39	0.35	0.38	0.41
	份额	0.13	0.14	0.17	0.17	0.22	0.22	0.20	0.18	0.21	0.21
中国产品在匈牙利市场	广度	72.50	72.00	72.60	76.60	78.40	79.90	79.20	82.00	84.00	81.30
	深度	7.92	7.49	6.80	6.87	6.73	6.35	6.86	7.44	9.47	8.69
	份额	5.74	5.40	4.93	5.26	5.28	5.07	5.43	6.10	7.95	7.06

数据来源：作者根据 UN-Comtrade 数据计算而得。

从表 2.4 中可以看出：（1）2012—2021 年中国和匈牙利产品均在对方进口市场取得了较大的绩效，匈牙利产品在中国的市场份额从 0.13%提高到了 0.21%，近乎翻了一番；同时中国产品在匈牙利市场的份额从 5.74%提高到了 7.06%，增加了 1.32%；（2）中国产品在匈牙利进口市场的广度和深度均有所提高，特别在广度方面提升幅度较大，表明中国更多种类的产品受到匈牙利民众的喜爱，即市场份额的获得主要靠提高市场广度来完成；（3）匈牙利产品在中国进口市场的广度呈上下波动趋势，特别是 2017 年后总体表现出下降趋势，在中国市场份额的获取主要依靠加大深度来完成，表明匈牙利产品在中国很难打开新的市场，中国对匈牙利投资规模的迅速扩张暂时没有带动匈牙利企业的对华出口。

二、双边贸易互补性分析

中国与匈牙利双边贸易互补性结果如表 2.5 所示。

表 2.5 2012—2021 年中匈贸易的互补性

贸易伙伴 \ 年份	2012 年	2013 年	2014 年	2015 年	2016 年	2017 年	2018 年	2019 年	2020 年	2021 年
中国出口对匈牙利进口	0.687	0.678	0.678	0.679	0.698	0.699	0.699	0.718	0.720	0.713
匈牙利出口对中国进口	0.615	0.602	0.594	0.584	0.593	0.603	0.603	0.615	0.636	0.637

数据来源：作者根据 UN-Comtrade 数据计算而得。

从表 2.5 中可以看出：（1）2012—2021 年中国对匈牙利的贸易互补性小幅上升，2021 年达到 0.713，较 2012 年上升 3.8%，表明中国的产品供给能够较好地满足匈牙利的需求；（2）同期，匈牙利对中国的贸易互补性呈先下降后上升的变化趋势，表明匈牙利产品与中国市场需求的匹配程度近年来有所上升，这一变化或可归功于“中国—中东欧合作”框架下对中东欧商品推广力度的加大①；（3）中匈两国贸易互补性差距呈先扩大后缩小的变化，结合前述二元边际分析，匈牙利因未能在中国成功开拓新市场，仅仅依靠现有市场深度的提升，并不利于未来双边贸易的平衡发展。

三、恒定市场份额分析（CMSA）

依据前述方法计算而得的中国产品 2013—2021 年在匈牙利进口市场的 CMSA 逐年分解结果如表 2.6 所示。

表 2.6 2013—2021 年中国产品在匈牙利进口市场的 CMSA 逐年分解

视角	效应	2013 年	2014 年	2015 年	2016 年	2017 年	2018 年	2019 年	2020 年	2021 年	年均
绝对量（0.1%）	新品竞争	0.05	0.11	0.09	0.05	0.15	0.07	0.10	0.08	0.13	0.09
	结构效应	-6.55	-8.81	0.24	-1.02	-1.75	0.01	4.16	4.01	-14.70	-2.71
	老品竞争	3.09	4.05	2.97	1.12	-0.44	3.50	2.42	14.40	5.67	4.09
	总效应	-3.41	-4.65	3.29	0.15	-2.04	3.59	6.68	18.49	-8.88	1.47
增长率（%）	新品竞争	0.09	0.21	0.18	0.09	0.28	0.14	0.18	0.13	0.17	0.16
	结构效应	-11.40	-16.30	0.48	-1.93	-3.32	0.03	7.66	6.57	-18.50	-4.08
	老品竞争	5.38	7.50	6.02	2.12	-0.84	6.90	4.45	23.60	7.13	6.92
	总效应	-5.94	-8.60	6.67	0.29	-3.87	7.08	12.29	30.31	-11.17	3.01

注：年均为前 9 年效应的简单平均数。

数据来源：作者根据 UN-Comtrade 数据计算而得。

从表 2.6 中可以看出：（1）从总的效应看，2013—2021 年中国产品在匈牙利的市场份额多数年份都在增加，特别值得一提的是，2020 年市场份额扩张近 2%，较上年同期增长超过 30%，表明中国产品在匈牙利市场的总体竞争

① 宁波举办的中国—中东欧国家博览会不仅有利于增进中国市场对中东欧商品的了解，而且有利于扩大中东欧国家对华出口规模，第二届博览会期间，共达成中东欧国家商品采购意向 74.63 亿元。

力在不断提升。(2) 从三种效应对综合竞争力的贡献看，来自老品竞争力效应的贡献最大，除2017年外其他年份老品竞争力效应都是正数，这表明在此期间中国大多数产品在原有细分市场的竞争力都得到了提高，特别是中国较为严格的防疫政策保障了新冠肺炎疫情初期国内生产和供应链的稳定，使原有出口产品竞争力明显提升，特别是2020年对市场份额的增长贡献接近80%，结合结构效应就解释了二元边际分析中市场深度不断增长的原因：中国产品不但适应匈牙利进口产品增长的结构，而且在多数细分市场的竞争力也在不断提高。(3) 新品竞争力对总体市场份额增长的贡献不大，平均每年增加不到0.01%，表明中国每年都有新产品进入匈牙利市场，但新产品竞争力对市场份额的增长贡献有限，结合二元边际的分析，可以看出新品竞争力的贡献和二元边际中广度的变化基本一致，不同的是广度同时考虑了新产品的进入和老产品的退出。(4) 结构效应多数年份为负数，且每年平均对市场份额总效应的向下拉动接近0.3%，严重阻碍了中国对匈牙利出口市场份额的增长，表明中国出口匈牙利的产品多数年份不能很好地适应匈牙利进口市场的增长，相当一部分产品并不在匈牙利进口增长较快的细分市场上，特别是2021年结构效应的负面影响使得总市场份额下降近0.9%，这可能与疫情改变了匈牙利消费者的需求，而我国企业未能及时满足当地细分市场的进口需求有关。

同理，根据我们的分类和分期方法计算而得的匈牙利产品2013—2021年在中国进口市场的CMSA逐年分解结果如表2.7所示。

表2.7 2013—2021年匈牙利产品在中国进口市场的CMSA逐年分解

视角	效应	2013年	2014年	2015年	2016年	2017年	2018年	2019年	2020年	2021年	年均
绝对量(0.01%)	新品竞争	0.21	0.22	0.06	0.05	0.31	0.09	0.23	0.08	0.23	0.17
	结构效应	-0.30	0.94	-0.14	1.55	-1.80	-1.35	-0.69	1.21	-2.29	-0.32
	老品竞争	1.24	1.55	0.56	3.09	1.78	-0.50	-1.88	1.39	2.10	1.04
	总效应	1.15	2.71	0.48	4.70	0.30	-1.76	-2.34	2.68	0.04	0.88

续表

视角	效应	2013 年	2014 年	2015 年	2016 年	2017 年	2018 年	2019 年	2020 年	2021 年	年均
增长率（%）	新品竞争	1.66	1.57	0.36	0.32	1.43	0.41	1.15	0.44	1.11	0.94
	结构效应	-2.38	6.76	-0.84	9.06	-8.25	-6.10	-3.41	6.72	-11.08	-1.06
	老品竞争	9.69	11.17	3.37	18.05	8.18	-2.28	-9.23	7.74	10.16	6.32
	总效应	8.98	19.50	2.90	27.42	1.36	-7.97	-11.50	14.90	0.20	6.20

注：年均为前 9 年效应的简单平均数。

数据来源：作者根据 UN-Comtrade 数据计算而得。

从表 2.7 中可以看出：（1）从总的效应看，2013—2021 年多数年份匈牙利产品在中国进口市场的总市场份额得到了增加，虽然增加的绝对幅度并不大，但相对增长确实比较高，总效应每年平均较上年同期增长 6.2%，经过 9 年的增长市场份额较初期增长超过 60%，这一点从二元边际分析中也可以看出来；（2）总市场份额的增加主要贡献来自老产品竞争力的不断提升和新产品的不断进入，这一点同中国产品在匈牙利市场的表现是一致的，说明两者进入对方市场的模式或市场渠道类似，中国产品在匈牙利市场的增加也主要依靠细分市场竞争力的不断提升；（3）匈牙利产品在中国市场的结构效应在此期间多数年份是负数，表明匈牙利产品在中国市场的结构不够合理，产品结构的变化跟不上中国进口需求结构的变化，多数产品分布在中国进口增长比较缓慢的细分市场，由于出口结构的调整受制于已有的市场渠道和国内现存的产业结构，所以为提高匈牙利产品在中国的市场份额，匈牙利企业应该在不断尝试将新产品打入中国市场的同时，更加注重及时调整自己的出口产品结构。

第四节　本章小结

通过上述对中匈双边货物贸易结构和绩效进行分析，我们可以看到中匈两国近十年来双边贸易增长迅速，超过同期各自对世界的贸易增速，中国在匈牙利的贸易伙伴国地位进一步提升，表明双边贸易发展趋势良好。虽然双边贸易不平衡问题依然存在，但是中国对匈牙利的贸易平衡度较初期 2012 年已大大改善，双边经贸关系更趋健康平稳。用联合国贸易统计数据库的所有三大类货物贸易分类方法：经济大类（BEC）、国际贸易标准分类（SITC）和海关编码分类（HS）分析双边贸易结构发现，中匈双边贸易互补性较强，同时双方在彼此市场出口产品类别上有较大的相似性，机电仪器和交通工具类产品均是双边出口占比最大的品种。

通过二元边际分析发现，中国产品在匈牙利进口市场份额的获得主要靠提高市场广度来完成，而匈牙利在中国市场份额的获取主要依靠加大深度来完成，表明匈牙利更多品类的产品未能获得中国消费者的青睐，这一点通过恒定市场份额分析（CMSA）的结论得到进一步验证，即中匈两国在各自出口市场份额的增长主要是由原有出口产品竞争力提升带来的。在中国—中东欧合作框架的引领下，双边合作越来越紧密，2021 年 11 月，中国商务部和匈牙利创新与技术部签署了《关于加强绿色发展领域投资合作的谅解备忘录》和《关于加强数字经济领域投资合作的谅解备忘录》，进一步加强了两国在绿色发展、数字经济领域的投资合作，相信也将带动双边绿色产品和数字贸易的快速发展。

第三章

中国—捷克双边贸易结构与绩效分析

第一节 双边贸易概况

捷克是欧洲中部内陆国家，东部同斯洛伐克接壤，南部毗邻奥地利，西部同德国相接，北部毗邻波兰，政局稳定，地理位置优越，与周边国家交通便捷，拥有良好的基础设施。捷克还是传统工业国家，工业在国民经济中占据重要地位，主要包括汽车及其零配件、机械制造、电气、飞机制造、制药和生物技术、纳米技术和新材料等。捷克工业产品以出口为主，主要市场在欧盟，特别是德国。2020 年，捷克经济受疫情影响出现一定程度的衰退，但由于其近年来经济持续保持增长、财政状况良好，失业率和负债率在欧盟国家中处于较低水平，抗风险能力较强，有助于其快速恢复经济①。

2016 年 3 月，习近平主席对捷克的历史性访问将中捷双边关系提升到战略伙伴高度。此后，中捷双方增强战略互信，深化务实合作，拓展人文交流，各领域不断取得丰硕成果。2012—2021 年中国在捷克的贸易伙伴国地位从第 4 位上升到了第 2 位，仅次于德国。捷克同中国的贸易总额的占比从 5.86%提升到了 8.66%，中国产品在捷克的市场份额从 11.2%提升到了 16.5%，在贸

① 商务部国际贸易经济合作研究院、中国驻捷克大使馆经济商务处、商务部对外投资和经济合作司：《对外投资合作国别（地区）指南——捷克》（2021 版）。

易伙伴国地位上进一步缩小了与德国的差距。

从中国的视角看，2012 年双边贸易总额为 87.3 亿美元，到 2021 年双边贸易总额达到了 211.6 亿美元，2012—2021 年年均增速高达 10.3%。从捷克的视角看，2012 年双边贸易总额为 173.4 亿美元，到 2021 年双边贸易总额达到了 380.8 亿美元，2012—2021 年年均增速高达 9.1%。均远高于双边对全球的货物贸易水平，这一期间中国在全球的贸易总额年均增速为 5.09%，捷克在全球的贸易总额年均增速为 4.49%，双边贸易发展迅速得益于双边经济增长均快于全球平均水平而产生的贸易引致效应，但更主要的是得益于中国—中东欧合作机制带来的双边经贸关系的日益密切。

2012—2021 年中国—捷克双边贸易发展趋势可以用双边货物贸易指数及货物贸易平衡度来表示，如图 3.1 所示。

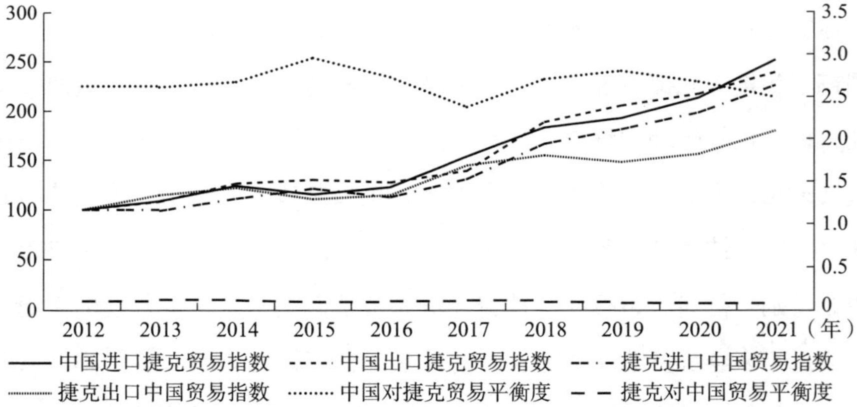

图 3.1 中国—捷克双边货物贸易指数及平衡度（%）

注：1. 进出口贸易指数均以 2012 年为基年（2012 年指数 = 100）；

2. 贸易平衡度等于出口额与进口额的比值；

3. 贸易平衡度指标采用右侧坐标，其余 4 条线均为左侧坐标。

数据来源：作者根据 UN-Comtrade 数据计算而得。

从图 3.1 中可以看出：（1）中国进出口捷克的贸易指数几乎重合，且除 2015 年外其他年份均呈现出一致的上涨趋势，表明中国对捷克的贸易发展非常稳定，2021 年进口捷克贸易指数继 2017 年后再次超过出口贸易指数，显示出双边贸易失衡可能在未来得到缓解；（2）捷克进口中国贸易指数 2018 年后出现加速上涨趋势，但出口贸易指数表现出周期性波动的特征，即在 2015—2016 年与 2019 年分别出现了比较明显的下降趋势，对华出口增长趋势明显低于对华进口增长趋势，在一定程度上反映了对华产品的依赖明显高于对华市场的依赖；（3）从贸易平衡度来看，中国对捷克出口额是进口额的 2.5～3 倍，而这一数字在捷克一方看来却高达 8～12 倍（捷克对华进口额比出口额），这一方面表明中捷双边货物贸易存在一定的不平衡，中国长期保持了较大幅度的贸易顺差，另一方面也表明由于统计方法的问题，在中国看来比较大的贸易顺差会变成在捷克看来非常巨大的贸易逆差，进一步加剧了捷克对双边贸易不平衡问题的不满。

第二节　双边出口贸易结构

一、经济大类视角下的出口结构变化趋势

中国—捷克双边货物出口贸易结构变化如表 3.1 所示。

表 3.1　中国—捷克双边货物出口贸易结构（按经济大类）　单位：%

贸易伙伴 / 年份 / 产品类别	中国出口捷克产品		捷克出口中国产品	
	2012 年	2021 年	2012 年	2021 年
消费品占比	14.54	10.47	6.43	4.08
中间品占比	39.24	32.88	61.71	64.87
资本品占比	46.17	56.11	30.96	30.92
广泛用途占比	0.05	0.55	0.90	0.13

数据来源：作者根据 UN-Comtrade 数据计算而得。

从表 3.1 中可以看出：（1）相较于 2012 年，2021 年中国出口捷克的资本品比重显著提升，而中间品和消费品份额则表现为明显的下降趋势，表明中国资本品在捷克进口市场的比较优势有所提升，这在一定程度上反映了捷克产业链与中国关联度进一步深化；（2）同时期捷克出口中国的中间品比重上

升明显，而消费品占比略有下降，资本品占比变化不大，表明其中间品在中国市场的竞争力得到了较大程度的提升，但资本品的相对比较优势则有所下降；（3）中捷双边贸易结构明显得到优化（或者说消费品贸易占比下降），双边产业关联的深化更多地表现为捷克生产体系对中国资本品的依赖不断强化。

二、产品要素属性视角下的出口结构变化趋势

根据国际贸易标准分类方法（SITC）可以粗略地把出口产品划分为资源密集型、劳动密集型和资本技术密集型产品，据此中国（捷克）出口到捷克（中国）的产品结构如表 3.2 所示。

表 3.2　中国—捷克双边货物出口贸易结构（按要素门类）　单位：%

产品类别＼贸易伙伴／年份	中国出口捷克产品		捷克出口中国产品	
	2012 年	2021 年	2012 年	2021 年
资源密集型产品占比	0.91	0.57	8.02	11.46
劳动密集型产品占比	17.88	15.58	24.96	24.35
资本技术密集型产品占比	81.21	83.85	67.02	64.19

数据来源：作者根据 UN-Comtrade 数据计算而得。

从表 3.2 中可以看出：（1）2012 年中国出口捷克产品中资源密集型产品占比非常低，且 2021 年该比率仍在下降，劳动密集型产品占比呈下降趋势，资本技术密集型产品比重则略有上升，这表明中国出口捷克的产品结构得到优化，高附加值出口产品比值在上升；（2）捷克出口中国产品结构变化趋势与中国的情况截然相反，出口结构出现一定程度的恶化，其资源密集型产品占比提高了 3 个百分点，而高附加值的资本技术密集型产品占比却进一步下降；（3）同中国出口结构相比，捷克出口中国产品中资本技术密集型产品占比最大，却仍低于中国同类出口占比近 20 个百分点，而且呈现下降趋势，在一定程度上说明了捷克的资本技术密集型产品同中国相比竞争力比较弱。

三、产业视角下的出口结构变化趋势

此处，以中捷双边出口七大类产品（HS2 级编码分类）的结构变化来展

现出口结构在行业层面的主要特征，如表 3.3 所示。

表 3.3 中国—捷克双边货物出口产品结构

单位:%

贸易伙伴	年份	农食产品占比	机电仪器和交通工具占比	化矿金属占比	纺织鞋帽占比	橡塑皮革占比	玩具钟表占比	木材纸张非金属占比
中国出口捷克	2012 年	0.68	82.58	3.97	6.32	1.89	3.41	1.16
	2021 年	0.52	83.96	5.37	3.37	2.13	3.38	0.77
捷克出口中国	2012 年	1.34	70.75	10.97	1.14	7.71	4.82	3.28
	2021 年	1.48	68.63	6.89	0.40	6.23	5.69	10.68

数据来源：作者根据 UN-Comtrade 数据计算而得。

从表 3.3 中可以看出：（1）相较于 2012 年，2021 年双边出口贸易前三大产品的类别发生变化，与中国相比，捷克前三大产品集中度明显下降，且下降趋势主要体现在第二大贸易品，即化矿金属产品（HS25~38 章、HS72~83 章）上，表明该类产品的市场竞争优势进一步弱化；（2）中国出口捷克的第一大类产品（机电仪器和交通工具类，HS84~93 章）相对比较优势略有增强，而中国出口的纺织鞋帽类（HS50~67 章）商品占比下降近 3 个百分点，使其第二大贸易品的地位让位于化矿金属类产品，玩具钟表类商品出口则跻身前三名；（3）捷克出口的前两大类产品相对比较优势明显弱化，而木材纸张非金属类产品（HS44~49 章、HS68~70 章）相对比较优势则得到了显著增强，其出口占比超过 10%，已成为捷克对华出口第二大类商品；（4）双方在彼此市场出口的产品类别有较大的相似性，机电仪器和交通工具类产品均是双边出口占比最大的品种，表明双边在该产业间的关联相对比较密切。

第三节 双边贸易绩效分析

一、市场绩效的二元边际分析

中国（捷克）出口产品在捷克（中国）进口市场的二元边际如表 3.4 所示。

表 3.4　2012—2021 年中捷出口产品在彼此市场的二元边际　　单位:%

贸易伙伴	二元边际指标	2012 年	2013 年	2014 年	2015 年	2016 年	2017 年	2018 年	2019 年	2020 年	2021 年
捷克产品在中国市场	广度	52.40	51.12	53.34	56.55	58.19	54.07	55.68	53.00	55.56	52.11
	深度	0.25	0.26	0.29	0.29	0.32	0.37	0.37	0.42	0.45	0.43
	份额	0.13	0.13	0.15	0.17	0.19	0.20	0.21	0.22	0.25	0.23
中国产品在捷克市场	广度	78.62	79.07	82.51	84.00	87.08	86.61	87.14	88.15	89.94	87.61
	深度	14.27	13.74	13.78	16.07	14.24	14.53	16.17	17.93	20.13	19.08
	份额	11.22	10.87	11.37	13.50	12.40	12.58	14.09	15.81	18.10	16.72

数据来源：作者根据 UN-Comtrade 数据计算而得。

从表 3.4 中可以看出：（1）2012—2021 年中国和捷克产品均在对方进口市场取得了巨大的绩效，捷克产品在中国的市场份额从 0.13%提高到了 0.23%，近乎翻了一番；同时中国产品在捷克市场的份额从 11.22%提高到了 16.72%，增加了近 50%；（2）中国产品在捷克进口市场的广度和深度均有较大幅度提高，即市场份额的获得依赖市场广度和深度的共同作用来完成，特别在广度方面提升幅度较大，表明在捷克市场份额的提升主要得益于市场广度的拓展；（3）捷克产品在中国进口市场的广度呈波动型下降趋势，2021 年其市场广度甚至低于十年前的水平，在中国市场份额的获取主要依靠提高深度来完成，表明捷克产品在中国很难打开新的市场，捷克对华贸易网络尚未建成。

二、双边贸易互补性分析

中国与捷克双边贸易互补性结果如表 3.5 所示。

表 3.5　2012—2021 年中捷贸易的互补性

贸易伙伴	2012 年	2013 年	2014 年	2015 年	2016 年	2017 年	2018 年	2019 年	2020 年	2021 年
中国出口对捷克进口	0.665	0.663	0.683	0.682	0.699	0.716	0.727	0.732	0.744	0.734
捷克出口对中国进口	0.543	0.522	0.533	0.541	0.535	0.542	0.538	0.541	0.558	0.544

数据来源：作者根据 UN-Comtrade 数据计算而得。

从表 3. 5 中可以看出：（1）2012—2021 年中国对捷克的贸易互补性小幅上升，2021 年达到 0. 734，较 2012 年上升 10. 4%，表明中国的产品供给能够更好地满足捷克的需求；（2）同期，捷克对中国的贸易互补性呈上下波动态势，2020 年达到最大值 0. 558 后又大幅下降，表明捷克产品与中国市场需求的匹配程度受经济形势和疫情的影响较大，尽管在“中国—中东欧合作”框架的引领下加大了对中东欧商品的推广力度，捷克的特色商品，如杯子、手链、项链和花瓶等水晶制品，以及蜂蜜蛋糕、果汁等食品越来越多地被中国消费者熟知，但离真正满足中国消费需求并形成购买力还有一定距离；（3）中捷两国贸易互补性差距呈扩大趋势，结合前述二元边际分析，捷克因未能在中国成功开拓新市场，仅仅依靠现有市场深度的提升，并不利于未来双边贸易的平衡发展。

三、恒定市场份额分析（CMSA）

依据前述方法计算而得的中国产品 2013—2021 年在捷克进口市场的 CMSA 逐年分解结果如表 3. 6 所示。

表 3. 6 2013—2021 年中国产品在捷克进口市场的 CMSA 逐年分解

视角	效应	2013 年	2014 年	2015 年	2016 年	2017 年	2018 年	2019 年	2020 年	2021 年	年均
绝对量（0. 1%）	新品竞争	0. 07	0. 08	0. 03	0. 04	0. 08	0. 09	0. 12	0. 12	0. 04	0. 07
	结构效应	−3. 04	3. 45	12. 07	−6. 45	6. 59	6. 83	9. 99	20. 16	−20. 70	3. 21
	老品竞争	−0. 54	1. 55	9. 18	−4. 60	−4. 83	8. 13	7. 08	2. 69	6. 31	2. 77
	总效应	−3. 51	5. 07	21. 28	−11. 00	1. 83	15. 05	17. 19	22. 97	−14. 40	6. 06
增长率（%）	新品竞争	0. 06	0. 07	0. 03	0. 03	0. 06	0. 07	0. 08	0. 07	0. 02	0. 06
	结构效应	−2. 71	3. 17	10. 61	−4. 78	5. 31	5. 43	7. 09	12. 76	−11. 50	2. 83
	老品竞争	−0. 48	1. 43	8. 07	−3. 41	−3. 90	6. 46	5. 03	1. 70	3. 49	2. 04
	总效应	−3. 13	4. 67	18. 71	−8. 15	1. 48	11. 96	12. 20	14. 53	−7. 94	4. 92

注：年均为前 9 年效应的简单平均数。

数据来源：作者根据 UN-Comtrade 数据计算而得。

从表 3. 6 中可以看出：（1）从总的效应看，2013—2021 年中国产品在捷克的市场份额绝大多数年份都在增加，特别值得一提的是，2020 年市场份额扩张近2.3%，较上年同期增长15%，表明中国产品在捷克市场的总体竞争力在不断提升；（2）从三种效应对综合竞争力的贡献看，结构效应和老品竞争力效应占据主导地位，其中平均而言来自结构效应的贡献最大，特别是2020年对市场份额的增长贡献接近90%，且在绝大多数年份结构效应都是正数，这表明在此期间中国出口捷克的产品多数年份能够很好地适应捷克进口市场需求的变化，大部分产品都集中在捷克进口增长较快的细分市场上；（3）新品竞争力对总体市场份额增长的贡献不大，平均每年增加不到0.01%，表明中国每年都有新产品进入捷克市场，但新产品竞争力对市场份额的增长贡献有限，结合二元边际的分析，可以看出新品竞争力的贡献和二元边际中广度的变化基本一致；（4）老品竞争力多数年份也是正数，表明多数年份中国大多数产品在原有细分市场的竞争力都有所提高，结合结构效应就解释了二元边际分析中市场深度不断增长的原因：中国产品不但能够适应捷克进口产品增长的结构，而且在多数细分市场的竞争力也在不断提高。

同理，根据我们的分类和分期方法计算而得的2013—2021年捷克产品在中国进口市场的CMSA逐年分解结果如表3.7所示。

表3.7　2013—2021年捷克产品在中国进口市场的CMSA逐年分解

视角	效应	2013年	2014年	2015年	2016年	2017年	2018年	2019年	2020年	2021年	年均
绝对量（0.01%）	新品竞争	0.01	0.02	0.01	0.02	0.01	0.01	0.01	0.02	0.02	0.02
	结构效应	−0.11	0.14	0.07	0.06	−0.07	−0.03	−0.03	0.02	−0.20	−0.02
	老品竞争	0.12	0.03	0.05	0.13	0.21	0.07	0.18	0.21	−0.04	0.11
	总效应	0.02	0.18	0.13	0.20	0.15	0.06	0.16	0.25	−0.23	0.10
增长率（%）	新品竞争	0.92	1.33	0.57	0.91	0.74	0.66	0.66	0.88	0.87	0.84
	结构效应	−8.56	10.22	4.51	3.80	−3.99	−1.33	−1.41	1.06	−8.23	−0.44
	老品竞争	8.94	2.13	3.52	7.56	11.09	3.54	8.71	9.50	−1.72	5.92
	总效应	1.30	13.68	8.60	12.28	7.84	2.86	7.96	11.44	−9.09	6.32

注：年均为前9年效应的简单平均数。

数据来源：作者根据UN-Comtrade数据计算而得。

从表3.7中可以看出：（1）从总的效应看，除2021年受新冠肺炎疫情影响下降外，2013—2021 年捷克产品在中国进口市场的总市场份额均有所增加，虽然增加的绝对幅度并不大，但相对增速确实比较高，总效应每年平均较上年同期增长 6.3%，经过 9 年的增长市场份额较初期增长近 80%，这一点从二元边际分析中也可以看出来；（2）总市场份额的增加主要贡献来自老产品竞争力的不断提升和新产品的不断进入，这一点同中国产品在捷克市场的表现是不一样的，说明两者进入对方市场的模式或市场渠道不一样，中国产品在捷克市场的增加既凭借合理的产品结构，也依靠细分市场竞争力的不断提升；（3）捷克产品在中国市场的结构效应在此期间多数年份是负数，即中国市场份额对捷克产品存在抑制作用，表明捷克产品在中国市场的结构不够合理，产品结构的变化跟不上中国进口需求结构的变化，多数产品分布在中国进口增长比较缓慢的细分市场，因此捷克应该在不断尝试将新产品打入中国市场的同时，更加注重及时调整自己的出口产品，使其更加符合中国进口需求的变化，即进入中国进口增长较快的细分市场。

第四节　本章小结

通过上述对中捷双边货物贸易结构和绩效进行分析，我们可以看到中捷两国近十年来双边贸易增长迅速，超过同期各自对世界的贸易增速，中国在捷克的贸易伙伴国地位已跃升至第二位，表明双边贸易发展趋势良好。但双边贸易不平衡问题依然存在，中国对捷克的贸易平衡度并未得到大幅改善。用联合国贸易统计数据库的所有三大类货物贸易分类方法：经济大类（BEC）、国际贸易标准分类（SITC）和海关编码分类（HS）分析双边贸易结构发现，中捷双边贸易互补性较强，但中国出口对捷克的互补性高于捷克出口对中国的互补性，且中捷两国贸易互补性差距呈扩大趋势，另外，中国对捷克出口以资本技术密集型产品为主（占比接近 84%），尽管捷克对中国出口的资本技术密集型产品占比超过 60%，但资源密集型产品占比大幅提升。通过二元边际分析发现，中国产品在捷克进口市场份额的获得依靠同时提高市场广度和加大深度来完成，而捷克在中国市场份额的获取主要靠加大深度来完成，这一点通过恒定市场份额分析（CMSA）的结论也得到了验证，即中国在捷克市场份额的增长主要是由结构效应和原有出口产品竞争力提升带来的，而捷克在中国市场份额的增长主要来自老品竞争力的上升，表明尽管在中国—中东欧合作框架的引领下加大了对中东欧商品的推广力度，捷克的特色商品（如项链和花瓶等水晶制品）越来越多地被中国消费者熟知，但离真正满足中国消费需求并形成购买力还有一定差距。

第四章

中国—斯洛伐克双边贸易结构与绩效分析

第一节　双边贸易概况

斯洛伐克位于欧洲中部，属内陆国，东邻乌克兰，南接匈牙利，西连捷克、奥地利，北毗波兰，南部为多瑙河平原，多瑙河流经斯洛伐克南部边境，是斯洛伐克与匈牙利和奥地利的界河。斯洛伐克政局相对稳定，2020 年大选后新政府更加强调其面向欧洲—大西洋的外交政策，优先与拥有共同利益的欧洲及世界其他地区国家发展双边关系，将维谢格拉德（V4）集团视为重要的合作平台。随着疫情趋缓和国际需求增加，斯洛伐克出口迅速恢复，加上稳定的外资流入和欧元区身份以及欧盟复苏基金的推动，斯洛伐克经济已开始恢复增长态势①。

近年来，中斯关系发展顺利，斯洛伐克积极参与“一带一路”倡议和中国—中东欧合作机制，双边货物贸易发展迅速，2012—2021 年中国在斯洛伐克的贸易伙伴国地位从第 9 位上升到了第 6 位，位于法国之后②。斯洛伐克同中国的贸易总额的占比从 4.22%提升到了 4.9%，中国产品在斯洛伐克的市场份额从

① 商务部国际贸易经济合作研究院、中国驻斯洛伐克大使馆经济商务处、商务部对外投资和经济合作司：《对外投资合作国别（地区）指南——斯洛伐克》（2021 版）。

② 2012 年，斯洛伐克第四大贸易伙伴为“其他欧洲国家（Other Europe，nes）”，如不考虑该伙伴，中国为斯洛伐克第八大贸易伙伴。

6.39%提升到了7.28%，在贸易伙伴国地位上进一步缩小了与德国的差距。

从中国的视角看，2012年双边贸易总额为60.8亿美元，到2021年双边贸易总额达到了120.9亿美元，2012—2021年年均增速高达7.9%。从斯洛伐克的视角看，2012年双边贸易总额为66.2亿美元，到2021年双边贸易总额达到了103.2亿美元，2012—2021年年均增速高达5.1%。均远高于双边对全球的货物贸易水平，这一期间中国在全球的贸易总额年均增速为5.09%，斯洛伐克在全球的贸易总额年均增速为3.33%，双边贸易发展迅速得益于双边经济增长均快于全球平均水平而产生的贸易引致效应，但更主要的是得益于中国—中东欧合作机制带来的双边经贸关系日益密切。

2012—2021年中国—斯洛伐克双边贸易发展趋势可以用双边货物贸易指数及货物贸易平衡度来表示，如图4.1所示。

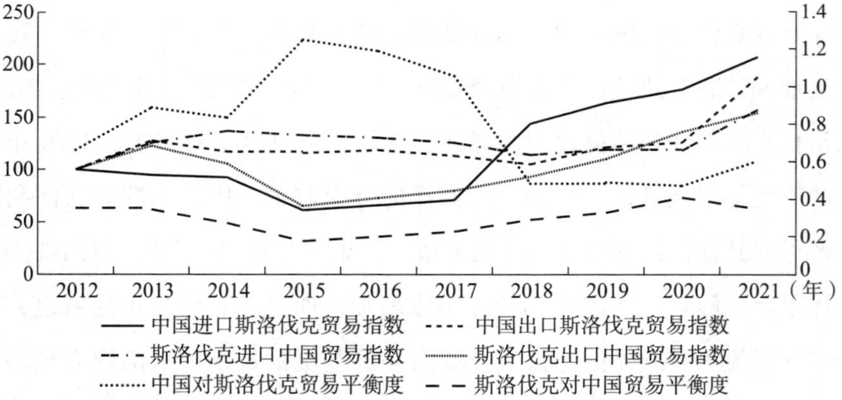

图4.1　中国—斯洛伐克双边货物贸易指数及平衡度（%）

注：1. 进出口贸易指数均以2012年为基年（2012年指数=100）；

2. 贸易平衡度等于出口额与进口额的比值；

3. 贸易平衡度指标采用右侧坐标，其余4条线均为左侧坐标。

数据来源：作者根据UN-Comtrade数据计算而得。

从图4.1中可以看出：（1）中国进口斯洛伐克的贸易指数在2015—2017年出现大幅下降，其后呈现加速上涨态势，但出口指数则保持平稳状态，继2020年小幅上涨后，在2021年出现加速增长态势，表明中斯双边贸易并未受疫情影响且逆势上涨，这主要是因为疫情期间药品出口增长迅猛，2021 年药品对斯洛伐克出口总额（1114.2 万美元）接近 2019 年（234.1 万美元）的 5 倍，以及传统优势产品电机电器设备等的持续增长①；（2）斯洛伐克进口中国贸易指数趋于平稳，但出口贸易指数在 2015—2018 年出现了比较明显的下降趋势，这与羊毛织物、化学杂项产品和车辆及其零附件对华出口的大幅下降有关，在 2015—2016 年以上三类产品对华出口规模仅为 2012 年的 2‰、2%和 60%左右，出口指数于 2020 年首次超过进口指数后，2021 年继续保持高增长，这主要得益于木制品、金属杂项制品和玩具及运动用品等对华出口的快速增长，其中 2021 年木制品对华出口规模超过十年前的 60 倍，同期金属杂项制品和玩具等则实现 3～4 倍的增长；（3）从贸易平衡度来看，除 2015—2017 年外中国对斯洛伐克一直保持贸易逆差，而这一数字在斯洛伐克一方看来却是高达 3~6 倍的对华逆差（斯洛伐克对华进口额比出口额），这表明由于统计方法的问题，在中国看来一定规模的贸易逆差会变成在斯洛伐克看来非常巨大的贸易逆差，进一步加剧了斯洛伐克对双边贸易不平衡问题的不满。

第二节　双边出口贸易结构

一、经济大类视角下的出口结构变化趋势

中国—斯洛伐克双边货物出口贸易结构变化如表 4.1 所示。

表 4.1　中国—斯洛伐克双边货物出口贸易结构（按经济大类）　单位:%

贸易伙伴 / 年份 / 产品类别	中国出口斯洛伐克产品		斯洛伐克出口中国产品	
	2012 年	2021 年	2012 年	2021 年
消费品占比	14.92	9.30	2.80	1.93
中间品占比	30.00	61.38	7.24	14.84

① 2021 年中国对斯洛伐克出口电机电器设备类产品（HS85 章）总额为 22.5 亿美元，较上年增长 72%。

续表

产品类别 \ 贸易伙伴 / 年份	中国出口斯洛伐克产品		斯洛伐克出口中国产品	
	2012 年	2021 年	2012 年	2021 年
资本品占比	55.08	28.35	9.16	6.52
广泛用途占比	0	0.97	80.80	76.72

数据来源：作者根据 UN-Comtrade 数据计算而得。

从表 4.1 中可以看出：（1）相较于 2012 年，2021 年中国出口斯洛伐克的中间品比重翻了一番，而资本品和消费品份额则表现为明显的下降趋势，其中资本品比重较 2012 年下降 48.56%，表明中国中间品在斯洛伐克进口市场的比较优势大幅提升，这在一定程度上反映了斯洛伐克产业链与中国关联度进一步深化；（2）同期，斯洛伐克出口中国的广泛用途类产品出口占比高达 80%①，尽管中间品出口占比增长一倍，但比重仍不足 15%，消费品、资本品和广泛用途类商品比重均下降，表明其中间品在中国市场的竞争力得到了较大程度的提升，但资本品的相对比较优势则有所下降；（3）中斯双边贸易结构出现较为显著的优化（或者说消费品贸易占比下降），双边产业关联的深化更多地表现为斯洛伐克生产体系对中国中间品的依赖不断强化。

二、产品要素属性视角下的出口结构变化趋势

中国（斯洛伐克）出口到斯洛伐克（中国）的产品结构如表 4.2 所示。

表 4.2　中国—斯洛伐克双边货物出口贸易结构（按要素门类）　　单位：%

产品类别 \ 贸易伙伴 / 年份	中国出口斯洛伐克产品分布		斯洛伐克出口中国产品分布	
	2012 年	2021 年	2012 年	2021 年
资源密集型产品	0.37	0.48	0.47	2.07
劳动密集型产品	44.12	24.93	5.17	5.33
资本技术密集型产品	55.51	74.58	94.36	92.60

数据来源：作者根据 UN-Comtrade 数据计算而得。

① 这里广泛用途类商品主要是指载客汽车，因其在工业和家庭消费方面被广泛使用，故并未将其并入消费品或中间品，2021 年斯洛伐克对华出口载客汽车的贸易总额达 20.4 亿美元，还有价值 2.6 万美元的未另归类的货物，二者共同构成此处的广泛用途类商品。

从表 4.2 中可以看出：（1）中国出口斯洛伐克产品中资源密集型产品占比非常低，几乎可以忽略不计，劳动密集型产品占比出现明显的下降，而资本技术密集型产品比重则呈上升趋势，这表明中国出口斯洛伐克的产品结构得到显著优化，高附加值出口产品比值大幅提升；（2）斯洛伐克出口中国产品结构变化趋势和中国的情况略有差异，出口结构出现一定程度的恶化，即高附加值的资本技术密集型产品占比小幅下降，而资源和劳动密集型产品占比则上升；（3）同中国出口结构相比，斯洛伐克出口中国产品中资本技术密集型产品（主要是机械与运输设备中的道路车辆类）占比更高，在一定程度上说明了斯洛伐克的资本技术密集型产品同中国相比竞争力较强。

三、产业视角下的出口结构变化趋势

此处，以中斯双边出口七大类产品（HS2 级编码分类）的结构变化来展现出口结构在行业层面的主要特征，如表 4.3 所示。

表 4.3　中国—斯洛伐克双边货物出口产品结构　　单位：%

贸易伙伴 / 产品类别	年份	农食产品占比	机电仪器和交通工具占比	化矿金属占比	纺织鞋帽占比	橡塑皮革占比	玩具钟表占比	木材纸张非金属占比
中国出口斯洛伐克	2012 年	0.26	81.47	4.83	7.75	1.80	2.78	1.10
	2021 年	0.30	85.29	6.34	2.61	1.94	2.03	0.59
斯洛伐克出口中国	2012 年	0.02	94.00	1.45	1.83	0.88	1.44	0.38
	2021 年	0.07	92.95	1.47	1.07	1.24	1.29	1.91

数据来源：作者根据 UN-Comtrade 数据计算而得。

从表 4.3 中可以看出：（1）相较于 2012 年，2021 年中国出口的前三大产品类别没有变化，中国出口斯洛伐克的第一大类产品（机电仪器和交通工具类）占比提高，其相对比较优势明显得到强化，但前三大产品集中度略有下降，且下降趋势主要体现在第三大贸易品，即纺织鞋帽类产品（HS50 ~ 67 章）上，表明该类市场竞争优势弱化；（2）斯洛伐克出口中国第一大类产品（机电仪器和交通工具类）比重下降，而木材纸张非金属类产品占比则显著提升，已取代纺织鞋帽类产品成为斯洛伐克对华出口第二大贸易品；（3）双方在彼此市场出口的产品类别有较大的相似性，机电仪器和交通工具类产品均是双边出口占比最大的品种，表明双边在上述产业间的关联相对比较密切。

第三节　双边贸易绩效分析

一、市场绩效的二元边际分析

中国（斯洛伐克）出口产品在斯洛伐克（中国）进口市场的二元边际如表 4. 4 所示。

表 4. 4　2012—2021 年中斯出口产品在彼此市场的二元边际　单位:%

贸易伙伴 \ 二元边际指标 \ 年份		2012 年	2013 年	2014 年	2015 年	2016 年	2017 年	2018 年	2019 年	2020 年	2021 年
斯洛伐克产品在中国市场	广度	44. 02	45. 85	46. 44	50. 50	51. 91	48. 30	48. 78	48. 52	50. 63	47. 91
	深度	0. 46	0. 39	0. 37	0. 26	0. 29	0. 29	0. 50	0. 59	0. 61	0. 59
	份额	0. 20	0. 18	0. 17	0. 13	0. 15	0. 14	0. 25	0. 29	0. 31	0. 28
中国产品在斯洛伐克市场	广度	76. 65	74. 97	78. 80	77. 76	80. 03	80. 39	80. 47	82. 12	83. 39	82. 25
	深度	8. 34	10. 09	10. 44	11. 38	10. 58	9. 27	7. 41	7. 75	8. 09	8. 85
	份额	6. 39	7. 57	8. 23	8. 85	8. 47	7. 45	5. 97	6. 36	6. 74	7. 28

数据来源：作者根据 UN-Comtrade 数据计算而得。

从表 4. 4 中可以看出：（1）2012—2021 年中国和斯洛伐克产品均在对方进口市场取得了一定的绩效，斯洛伐克产品在中国的市场份额从 0. 2%提高到了 0. 28%，增加了 40%；同时中国产品在斯洛伐克市场的份额从 6. 39%提高到了 7. 28%，增加了 13. 9%；（2）中国产品在斯洛伐克进口市场的广度和深度均有所提高，但市场深度呈现先上升后下降的变化趋势，市场深度在 2015 年达到最大值 11. 38%后持续下降，2019 年后开始回升，2021 年市场深度才再次超过 2012 年的水平，表明斯洛伐克进口的同类产品中来自中国的产品所占的市场份额持续下降，而中国在斯洛伐克市场份额的获得主要靠提高市场广度来完成，这主要体现在同期广度方面提升幅度较大；（3）斯洛伐克产品在中国进口市场的广度呈“M 型”变化，特别是 2016 年后总体表现出下降趋势，深度则呈“V 型”变化，在中国市场份额的获取主要依靠加大深度来完成，表明斯洛伐克产品在中国很难打开新的市场，如农食产品类 HS 两位码有 24 类商品，2021 年斯洛伐克向中国仅出口其中八类共计 197. 7 万美元，其中出口总额最高的饮料酒水类仅有 90. 5 万美元，农食产品对华出口占比为中东欧 14 国中最低的国家，此类市场有待进一步发掘。

二、双边贸易互补性分析

中国与斯洛伐克双边贸易互补性结果如表 4. 5 所示。

表 4. 5　2012—2021 年中斯贸易的互补性

贸易伙伴＼年份	2012 年	2013 年	2014 年	2015 年	2016 年	2017 年	2018 年	2019 年	2020 年	2021 年
中国出口对斯洛伐克进口	0. 629	0. 639	0. 666	0. 677	0. 684	0. 683	0. 679	0. 683	0. 686	0. 681
斯洛伐克出口对中国进口	0. 593	0. 566	0. 573	0. 558	0. 548	0. 557	0. 529	0. 511	0. 513	0. 497

数据来源：作者根据 UN-Comtrade 数据计算而得。

从表 4. 5 中可以看出：（1）2012—2021 年中国对斯洛伐克的贸易互补性呈左上方旋转 45°角的“M 型”变化，2016 年互补性达到 0. 684 后开始下降，并于 2020 年再次达到顶点 0. 686，2021 年互补性较 2012 年上升 8. 3%，表明中国的产品供给能够较好地满足斯洛伐克的需求；（2）同期，斯洛伐克对中国的贸易互补性呈现出明显的下降趋势，表明斯洛伐克产品与中国市场需求的匹配程度渐行渐远，斯洛伐克经济贸易部门或可充分利用“中国—中东欧合作”框架下的贸易促进机制加大其商品在中国市场的推广力度，使其更好地满足中国消费者的需求；（3）中斯两国贸易互补性差距呈逐年扩大趋势，结合前述二元边际分析，斯洛伐克因未能在中国成功开拓新市场，仅仅依靠现有市场深度的提升，并不利于未来双边贸易的平衡发展。

三、恒定市场份额分析（CMSA）

依据前述方法计算而得的 2013—2021 年中国产品在斯洛伐克进口市场的

CMSA 逐年分解结果如表 4.6 所示。

表 4.6　2013—2021 年中国产品在斯洛伐克进口市场的 CMSA 逐年分解

视角	效应	2013 年	2014 年	2015 年	2016 年	2017 年	2018 年	2019 年	2020 年	2021 年	年均
绝对量（0.1%）	新品竞争	0.07	0.14	0.07	0.08	0.11	0.06	0.10	0.04	0.10	0.09
	结构效应	5.31	7.94	1.25	−2.13	0.76	−4.13	1.41	5.07	0.83	1.81
	老品竞争	6.35	−1.48	4.90	−1.76	−11.02	−10.80	2.47	−1.29	4.44	−0.91
	总效应	11.73	6.60	6.21	−3.80	−10.20	−14.90	3.98	3.82	5.37	0.99
增长率（%）	新品竞争	0.11	0.19	0.08	0.09	0.12	0.08	0.16	0.07	0.15	0.12
	结构效应	8.30	10.49	1.52	−2.41	0.90	−5.54	2.37	7.96	1.23	2.76
	老品竞争	9.93	−1.96	5.95	−1.98	−13.00	−14.50	4.14	−2.03	6.58	−0.77
	总效应	18.35	8.72	7.55	−4.30	−12.00	−19.97	6.66	6.00	7.96	2.11

数据来源：作者根据 UN-Comtrade 数据计算而得。

注：年均为前 9 年效应的简单平均数。

从表 4.6 中可以看出：（1）从总的效应看，2013—2021 年中国产品在斯洛伐克的市场份额除 2016—2018 年之外都在增加，即使受新冠肺炎疫情影响的 2021 年市场份额也扩张超过 0.5%，较上年同期增长近 8%，表明中国产品在斯洛伐克市场的总体竞争力在不断提升；（2）从三种效应对综合竞争力的贡献看，来自结构效应的贡献最大，特别值得一提的是，2020 年结构效应大幅超越老品竞争力的下降，扭转了市场份额的变化趋势，提升了中国产品在斯洛伐克的市场份额，此外，绝大多数年份结构效应都是正数，这表明在此期间中国出口斯洛伐克的产品多数年份非常适应斯洛伐克进口市场的增长，大部分产品都集中在斯洛伐克进口增长较快的细分市场上；（3）从绝对量来看，新品竞争力对总体市场份额的增长贡献不大，平均每年增加接近 0.1%的水平，但从增长率来看，新品竞争力平均每年对总体市场份额的增长贡献接近 6%，表明中国每年都有新产品进入斯洛伐克市场，结合二元边际的分析，可以看出新品竞争力的贡献和二元边际中广度的变化基本一致；（4）老品竞争力效应多数年份是负数，平均每年对市场份额总效应的向下拉动接近 0.1%，阻碍了中国对斯洛伐克出口市场份额的增长，表明多数年份中国产品在原有细分市场的竞争力在一定程度上均有所下降，这也部分解释了二元边际分析中市场深度在 2016—2018 年这 3 年中下降的原因——中国产品没能很好地适应斯洛伐克进口产品增长的结构，而且在细分市场的竞争力也在下降。

同理，根据我们的分类和分期方法计算而得的 2013—2021 年斯洛伐克产品在中国进口市场的 CMSA 逐年分解结果如表 4.7 所示。

表 4.7　2013—2021 年斯洛伐克产品在中国进口市场 CMSA 逐年分解

视角	效应	2013 年	2014 年	2015 年	2016 年	2017 年	2018 年	2019 年	2020 年	2021 年	年均
绝对量（0.01%）	新品竞争	0.004	0.003	0.002	0.001	0.001	0.001	0.001	0.002	0.005	0.001
	结构效应	0.16	0.48	−0.14	0.05	−0.10	−0.16	−0.20	0.06	−0.22	−0.01
	老品竞争	−0.40	−0.53	−0.26	0.12	−0.03	1.21	0.61	0.17	−0.08	0.09
	总效应	−0.24	−0.05	−0.39	0.19	−0.12	1.06	0.41	0.24	−0.30	0.09
增长率（%）	新品竞争	0.20	0.19	0.97	0.57	0.60	0.73	0.24	0.06	0.15	0.41
	结构效应	8.08	27.07	−8.31	4.00	−6.36	−11.66	−8.28	2.21	−7.03	−0.03
	老品竞争	−20.07	−30.10	−15.36	9.37	−1.87	86.29	24.80	5.98	−2.64	6.27
	总效应	−11.79	−2.83	−22.70	13.94	−7.63	75.36	16.76	8.25	−9.52	6.65

数据来源：作者根据 UN-Comtrade 数据计算而得。

注：年均为前 9 年效应的简单平均数。

从表 4.7 中可以看出：（1）从总的效应来看，2013—2021 年多数年份斯洛伐克产品在中国进口市场的总市场份额得到了增加，虽然增加的绝对幅度并不大，但相对增长确实比较高，总效应每年平均较上年同期增长 6.7%，经过 9 年的增长市场份额与初期相比增长超过 40%，这一点从二元边际分析中也可以看出来；（2）总市场份额的增加主要贡献来自老产品竞争力的不断提升和新产品的不断进入，这一点同中国产品在斯洛伐克市场的表现是不一样的，说明两者进入对方市场的模式或市场渠道不一样，中国产品在斯洛伐克市场的增加主要凭借合理的产品结构，也依靠细分市场竞争力的不断提升；（3）斯洛伐克产品在中国市场的结构效应在此期间多数年份是负数，表明斯洛伐克产品在中国市场的结构有待改善，产品结构的变化跟不上中国进口需求结构的变化，多数产品分布在中国进口增长比较缓慢的细分市场，这在一定程度上阻碍了斯洛伐克对中国出口市场份额的增长，由于出口结构的调整受制于已有的市场渠道和国内现存的产业结构，所以为提高斯洛伐克产品在中国市场的份额，斯洛伐克企业应该在不断尝试将新产品打入中国市场的同时，更加注重及时调整自己的出口产品结构，以适应中国进口需求的变化。

第四节　本章小结

通过上述对中斯双边货物贸易结构和绩效进行分析，我们可以看到中斯两国近十年来双边贸易增长迅速，均超过同期各自对世界的贸易增速，双边贸易发展趋势良好。尽管双边贸易不平衡问题依然存在，但中国对斯洛伐克的贸易平衡度呈“倒 U 型”变化趋势，即中国对斯洛伐克出口额与进口额之比 2015 年以来趋于下降。用联合国贸易统计数据库的所有三大类货物贸易分类方法：经济大类（BEC）、国际贸易标准分类（SITC）和海关编码分类（HS）分析双边贸易结构发现，中斯双边贸易互补性较强，但中国出口对斯洛伐克的互补性高于斯洛伐克出口对中国的互补性，且中斯两国贸易互补性差距呈逐年扩大趋势，中国对斯洛伐克出口以中间品和资本品为主，而斯洛伐克对中国出口则以广泛用途产品为主，双方在彼此市场出口产品类别上有较高的相似性，机电仪器和交通工具类产品均是双边出口占比最大的品种。通过二元边际分析发现，中国产品在斯洛伐克进口市场份额的获得主要依靠提高市场广度来完成，而斯洛伐克在中国市场份额的获取主要靠加大深度来完成，这一点通过恒定市场份额分析（CMSA）的结论也得到了验证，即中国在斯洛伐克市场份额的增长主要来自结构效应的贡献，即中国出口的大部分产品都集中在斯洛伐克进口增长较快的细分市场上，而斯洛伐克在中国市场份额的增长主要来自原有出口产品竞争力的提升，但受新冠肺炎疫情的影响，2021 年斯洛伐克出口中国的老品竞争力效应为负数，这可能是由于疫情反复对供应链的冲击造成的。

第五章

中国—斯洛文尼亚双边贸易结构与绩效分析

第一节　双边贸易概况

斯洛文尼亚位于中欧南部、毗邻阿尔卑斯山，西邻意大利，西南通往亚得里亚海，东部和南部与克罗地亚接壤，北接奥地利和匈牙利。国土面积为2.03万平方公里，人口为210.9万。斯洛文尼亚风景优美，汇聚了阿尔卑斯山、地中海、潘诺平原和喀斯特地貌等地理、地貌和气候特征。拥有良好的工业和科技基础，以化学、电子设备、机械制造、交通运输和金属制造为支柱的五大产业竞争力强。中国和斯洛文尼亚自1992年建交以来，政治关系友好，经贸合作发展顺利。斯洛文尼亚政府积极响应中国提出的“一带一路”倡议，依靠中国—中东欧合作这个重要平台，两国在经贸和人文领域的交流明显加快，高水平高层次的互动为新时期中斯关系发展注入了新的活力①。

2012—2021年中国在斯洛文尼亚的贸易伙伴国地位从第7位上升到了第4位，位于意大利之后。斯洛文尼亚同中国的贸易总额的占比从3.10%提升到了6.70%，中国产品在斯洛文尼亚的市场份额从5.45%提升到了12.86%，在贸易伙伴国地位上进一步缩小了与德国的差距。

---

① 商务部国际贸易经济合作研究院、中国驻斯洛文尼亚大使馆经济商务处、商务部对外投资和经济合作司：《对外投资合作国别（地区）指南——斯洛文尼亚》（2021版）。

从中国的视角看，2012 年双边贸易总额为 18.2 亿美元，到 2021 年双边贸易总额达到了 60.0 亿美元，2012—2021 年年均增速高达 14.1%；从斯洛文尼亚的视角看，2012 年双边贸易总额为 17.2 亿美元，到 2021 年双边贸易总额达到了 67.1 亿美元，2012—2021 年年均增速高达 16.3%；均远高于双边对全球的货物贸易水平，这一期间中国在全球的贸易总额年均增速为 5.09%，斯洛文尼亚在全球的贸易总额年均增速为 6.26%，双边贸易发展迅速得益于双边经济增长均快于全球平均水平而产生的贸易引致效应，但更主要的是得益于中国—中东欧合作机制带来的双边经贸关系的日益密切。

2012—2021 年中国—斯洛文尼亚双边贸易发展趋势可以用双边货物贸易指数及货物贸易平衡度来表示，如图 5.1 所示。

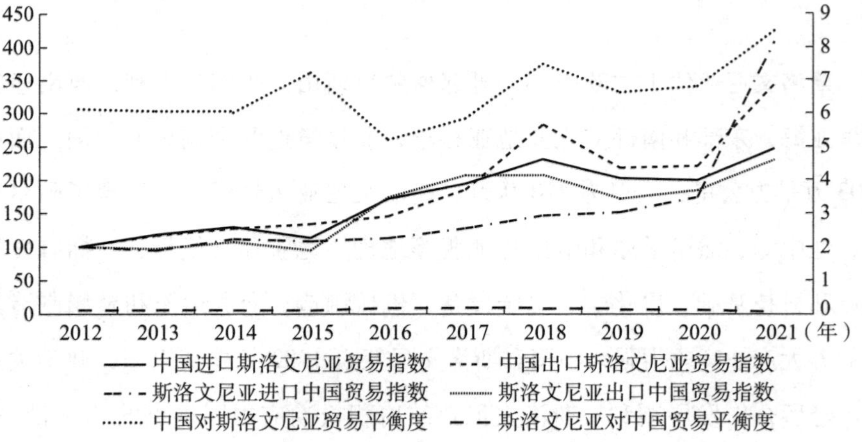

图 5.1　中国—斯洛文尼亚双边货物贸易指数及平衡度（%）

注：1. 进出口贸易指数均以 2012 年为基年（2012 年指数=100）；

2. 贸易平衡度等于出口额与进口额的比值；

3. 贸易平衡度指标采用右侧坐标，其余 4 条线均为左侧坐标。

数据来源：作者根据 UN-Comtrade 数据计算而得。

从图 5.1 中可以看出：（1）中国进出口斯洛文尼亚的贸易指数呈相同变化趋势，初期二者呈现平稳增长态势，随后 2019—2020 年出现明显的下降趋势，但 2021 年则出现报复性反弹，特别是出口指数自 2018 年超过进口指数后，进出口指数差距在 2021 年进一步扩大，这主要是因为疫情期间药品出口增长迅猛，2021 年药品对斯洛文尼亚出口总额（6454 万美元）较 2019 年（1426.6 万美元）增长 3.5 倍，以及传统优势产品车辆及其零附件等的持续增长①；（2）2016—2020 年斯洛文尼亚出口中国贸易指数一直超过进口指数，在一定程度上反映了对华市场的依赖明显高于对华产品的依赖，但 2021 年其进口贸易指数突然出现加速上涨趋势，这一方面是因为延续了疫情期间从中国进口药品的增长趋势，另一方面主要是由于有机化学品进口高速增长，2021 年有机化学品进口额为 28.03 亿美元，较 2020 年增长 8.5 倍；（3）从贸易平衡度来看，中国对斯洛文尼亚出口额是进口额的 5~9 倍，而这一数字在斯洛文尼亚一方看来却高达 6~16 倍（斯洛文尼亚对华进口额比出口额），这一方面表明中国与斯洛文尼亚双边货物贸易存在巨大的不平衡，中国长期保持了较大幅度的贸易顺差，另一方面也表明由于统计方法的问题，在中国看来比较大的贸易顺差会变成在斯洛文尼亚看来非常大的贸易逆差，进一步加剧了斯洛文尼亚对双边贸易不平衡问题的不满。

第二节　双边出口贸易结构

一、经济大类视角下的出口结构变化趋势

中国—斯洛文尼亚双边货物出口贸易结构变化如表 5.1 所示。

表 5.1　中国—斯洛文尼亚双边货物出口贸易结构（按经济大类）　　单位：%

贸易伙伴 / 年份 / 产品类别	中国出口斯洛文尼亚产品		斯洛文尼亚出口中国产品	
	2012 年	2021 年	2012 年	2021 年
消费品占比	35.73	29.19	7.40	10.77
中间品占比	47.77	43.74	67.38	62.65

① 2021 年中国对斯洛文尼亚出口车辆及其零附件产品（HS87 章）总额为 6.17 亿美元，较上年增长超 6 倍。

续表

产品类别 \ 贸易伙伴 \ 年份	中国出口斯洛文尼亚产品		斯洛文尼亚出口中国产品	
	2012 年	2021 年	2012 年	2021 年
资本品占比	16.48	17.58	25.16	23.41
广泛用途占比	0.02	9.49	0.07	5.02

数据来源：作者根据 UN-Comtrade 数据计算而得。

从表 5.1 中可以看出：（1）相较于 2012 年，2021 年中国出口斯洛文尼亚的资本品比重略有上升，而中间品和消费品份额则表现为明显的下降趋势，表明中国资本品在斯洛文尼亚进口市场的比较优势略有提升，总体来看，资本品和中间品合计份额下降 3 个百分点，这在一定程度上反映出斯洛文尼亚产业链与中国关联度并未深化；（2）同期，斯洛文尼亚出口中国的中间品和资本品占比出现了较大幅度的下降，但消费品和广泛用途类商品比重均出现显著提升，表明其消费品和广泛用途类商品在中国市场的竞争力得到了较大程度的提升，但中间品的相对比较优势则有所下降；（3）中国与斯洛文尼亚双边贸易结构出现恶化趋势（或者说消费品贸易占比提高），斯洛文尼亚生产体系对中国中间品的依赖有所弱化，双边产业关联有放松趋势。

二、产品要素属性视角下的出口结构变化趋势

中国（斯洛文尼亚）出口到斯洛文尼亚（中国）的产品结构如表 5.2 所示。

表 5.2　中国—斯洛文尼亚双边货物出口贸易结构（按要素门类）　　单位：%

产品类别 \ 贸易伙伴 \ 年份	中国出口斯洛文尼亚产品		斯洛文尼亚出口中国产品	
	2012 年	2021 年	2012 年	2021 年
资源密集型产品占比	2.08	1.17	11.40	11.07
劳动密集型产品占比	54.24	34.23	17.32	29.23
资本技术密集型产品占比	43.68	64.60	71.28	59.70

数据来源：作者根据 UN-Comtrade 数据计算而得。

从表 5.2 中可以看出：（1）2012 年中国出口斯洛文尼亚产品中资源密集型产品占比非常低，且 2021 年该比率呈下降趋势，劳动密集型产品占比出现

明显的下降，而资本技术密集型产品比重则显著提升，这表明中国出口斯洛文尼亚的产品结构得到明显优化，高附加值出口产品比值大幅提升，提高超过 20 个百分点；（2）斯洛文尼亚出口中国产品结构变化趋势和中国的情况截然相反，出口结构出现一定程度的恶化，即劳动密集型产品占比大幅提高，而资本技术密集型产品比重则出现相同幅度的下降；（3）同中国的出口结构相比，斯洛文尼亚出口中国的产品中资本技术密集型产品占比的变化，在一定程度上说明了斯洛文尼亚的资本技术密集型产品同中国相比，竞争力有下降的趋势。

三、产业视角下的出口结构变化趋势

此处，以中国与斯洛文尼亚双边货物出口七大类产品（HS2 级编码分类）的结构变化来展现出口结构在行业层面的主要特征，如表 5.3 所示。

表 5.3　中国—斯洛文尼亚双边货物出口产品结构　　单位：%

贸易伙伴 \ 年份 \ 产品类别		农食产品占比	机电仪器和交通工具占比	化矿金属占比	纺织鞋帽占比	橡塑皮革占比	玩具钟表占比	木材纸张非金属占比
中国出口斯洛文尼亚	2012 年	1.15	36.27	20.96	21.84	7.14	8.10	4.54
	2021 年	0.54	56.56	16.26	8.22	4.71	10.07	3.35
斯洛文尼亚出口中国	2012 年	0.86	58.56	15.28	1.02	17.00	3.91	3.32
	2021 年	1.89	58.92	19.28	0.80	7.10	2.23	9.77

数据来源：作者根据 UN-Comtrade 数据计算而得。

从表 5.3 中可以看出：（1）相较于 2012 年，2021 年中国出口斯洛文尼亚的第二大类产品（纺织鞋帽类）相对比较优势明显弱化，其所占比重下降超过 13 个百分点，玩具钟表（HS71 章、HS94~97 章）取代纺织鞋帽（HS50~67 章）成为中国出口的第三大类产品，同时，前三大出口产品集中度提高，且中国出口斯洛文尼亚的产品向机电仪器和交通工具类产品进一步集中，表明其相对比较优势明显得到强化；（2）斯洛文尼亚出口中国第二大类产品（橡塑皮革，HS39~43 章）比重大幅下降，而木材纸张非金属类产品占比则显著提升，已取代橡塑皮革类产品成为斯洛文尼亚对华出口第三大贸易品；（3）双方在彼此市场出口的产品类别有较大的相似性，机电仪器和交通工具类产品均是双边出口占比最大的品种，表明双边在上述产业间的关联相对比较密切。

第三节　双边贸易绩效分析

一、市场绩效的二元边际分析

中国（斯洛文尼亚）出口产品在斯洛文尼亚（中国）进口市场的二元边际如表 5. 4 所示。

表 5. 4　2012—2021 年中斯出口产品在彼此市场的二元边际　单位：%

贸易伙伴 \ 二元边际指标 \ 年份		2012 年	2013 年	2014 年	2015 年	2016 年	2017 年	2018 年	2019 年	2020 年	2021 年
斯洛文尼亚产品在中国市场	广度	39. 79	36. 12	39. 98	45. 74	48. 89	42. 56	46. 25	46. 15	42. 60	45. 71
	深度	0. 04	0. 04	0. 04	0. 04	0. 06	0. 06	0. 06	0. 05	0. 06	0. 05
	份额	0. 01	0. 02	0. 02	0. 02	0. 03	0. 03	0. 03	0. 02	0. 02	0. 02
中国产品在斯洛文尼亚市场	广度	68. 75	72. 12	72. 28	76. 48	78. 21	78. 72	79. 96	80. 07	83. 33	84. 67
	深度	7. 93	6. 91	7. 94	8. 44	8. 34	8. 02	7. 79	7. 64	8. 79	15. 19
	份额	5. 45	4. 98	5. 74	6. 45	6. 52	6. 31	6. 23	6. 12	7. 33	12. 86

数据来源：作者根据 UN-Comtrade 数据计算而得。

从表 5. 4 中可以看出：（1）2012—2021 年中国产品在斯洛文尼亚进口市场取得了较大的绩效，中国产品在斯洛文尼亚市场的份额从 5. 45%提高到了 12. 86%，翻了一番，但斯洛文尼亚产品在中国市场份额的变化微乎其微，且呈“倒 U 型”变化趋势，即从 0. 01%提高到 0. 03%，而后又下降到 0. 02%；（2）中国产品在斯洛文尼亚进口市场的广度和深度均大幅提高，但深度的增加集中体现在 2021 年，斯洛文尼亚进口的同类产品中来自中国的产品所占的市场份额显著增加，而市场广度则呈持续增长趋势，表明中国更多种类的产品受到斯洛文尼亚民众的喜爱，即市场份额的获得主要靠提高市场广度来完成；（3）斯洛文尼亚产品在中国进口市场的深度并未出现明显上升，与此同时，市场广度呈上下波动态势，2016 年广度达到最大值 48.89%后，总体表现出稳中有降的变化趋势，在中国市场份额的获取主要依靠提高广度来完成，表明斯洛文尼亚更多的产品越来越受到中国消费者的关注，而受限于当地企业经营规模，市场深度很难进一步拓展。

二、双边贸易互补性分析

中国与斯洛文尼亚双边贸易互补性结果如表 5.5 所示。

表 5.5　2012—2021 年中斯贸易的互补性

年份 / 贸易伙伴	2012 年	2013 年	2014 年	2015 年	2016 年	2017 年	2018 年	2019 年	2020 年	2021 年
中国出口对斯洛文尼亚进口	0.519	0.529	0.537	0.542	0.561	0.561	0.563	0.538	0.538	0.548
斯洛文尼亚出口对中国进口	0.532	0.519	0.527	0.532	0.531	0.537	0.521	0.515	0.506	0.498

数据来源：作者根据 UN-Comtrade 数据计算而得。

从表 5.5 中可以看出：（1）2012—2021 年中国对斯洛文尼亚的贸易互补性小幅上升，2021 年达到 0.548，较 2012 年上升 5.6%，表明中国的产品供给能够较好地满足斯洛文尼亚的需求；（2）同期，斯洛文尼亚对中国的贸易互补性呈先上升后下降的变化趋势，表明斯洛文尼亚产品与中国市场需求的匹配程度近年来有所下降，斯洛文尼亚的经济贸易部门或可充分利用“中国—中东欧合作”框架下的贸易促进机制加大其商品在中国市场的推广力度，使其更好地满足中国消费者的需求；（3）中国与斯洛文尼亚两国贸易互补性差距呈扩大趋势，结合前述二元边际分析，斯洛文尼亚因未能有效提升市场深度，仅仅依靠市场广度的有限提升，很难获得市场份额的大幅提升，斯洛文尼亚商务部门与企业应同时注重在中国市场上原有产品市场的深度发掘与新市场的开发拓展。

三、恒定市场份额分析（CMSA）

依据前述方法计算而得的 2013—2021 年中国产品在斯洛文尼亚进口市场的 CMSA 逐年分解结果如表 5.6 所示。

表 5.6　2013—2021 年中国产品在斯洛文尼亚进口市场的 CMSA 逐年分解

视角	效应	2013 年	2014 年	2015 年	2016 年	2017 年	2018 年	2019 年	2020 年	2021 年	年均
绝对量（0.1%）	新品竞争	0.23	0.48	0.26	0.27	0.15	0.21	0.15	0.08	0.15	0.22
	结构效应	2.03	5.55	5.40	1.86	0.31	−0.78	−0.63	7.93	38.34	6.67
	老品竞争	−6.93	1.57	1.45	−1.44	−2.54	−0.25	−0.63	4.07	16.80	1.34
	总效应	−4.68	7.60	7.11	0.69	−2.08	−0.83	−1.11	12.09	55.30	8.23
增长率（%）	新品竞争	0.42	0.97	0.45	0.42	0.23	0.33	0.24	0.13	0.21	0.33
	结构效应	3.73	11.14	9.40	2.89	0.48	−1.24	−1.01	12.96	52.32	10.07
	老品竞争	−12.7	3.14	2.53	−2.23	−3.89	−0.40	−1.02	6.66	22.92	1.67
	总效应	−8.58	15.25	12.38	1.07	−3.18	−1.31	−1.78	19.75	75.45	12.12

注：年均为前 9 年效应的简单平均数。

数据来源：作者根据 UN-Comtrade 数据计算而得。

从表 5.6 中可以看出：（1）从总的效应看，2013—2021 年中国产品在斯洛文尼亚的市场份额多数年份都在增加，然而 2017—2019 年连续三年市场份额持续下降后，受疫情影响的 2020 年与 2021 年市场份额反而逆势增长，特别是 2021 年市场份额扩张近 6%，较上年同期增长超过 70%，这一方面表明中国产品在斯洛文尼亚市场的总体竞争力有所提升，另一方面主要是由于中国防疫相关产品（包括药品等）出口的大幅增长；（2）从三种效应对综合竞争力的贡献看，来自结构效应的贡献最大，且在绝大多数年份结构效应都是正数，这表明在此期间中国出口斯洛文尼亚的产品多数年份非常适应斯洛文尼亚进口市场需求的变化，大部分产品都集中在斯洛文尼亚进口增长较快的细分市场上，因而可以大幅拉动市场份额的增长，以 2021 年为例，结构效应与老品竞争力效应对市场份额的贡献分别达到 69.3%和 30.4%；（3）新品竞争力对总体市场份额增长的贡献不大，平均每年仅增加 0.02%，表明中国每年都有新产品进入斯洛文尼亚市场，但新产品竞争力对市场份额的增长贡献有限，结合二元边际的分析，可以看出新品竞争力的贡献和二元边际中广度的变化基本一致；（4）老品竞争力效应多数年份是负数，特别是 2016—2019 年连续四年下降，这在一定程度上阻碍了中国对斯洛文尼亚出口市场份额的增长，表明多数年份中国产品在原有细分市场的竞争力在一定程度上均有所下降，这也部分解释了二元边际分析中市场深度在 2016—2019 年四年中下降的原因——中国产品没能很好地适应斯洛文尼亚进口产品增长的结构，而且在细分市场的竞争力也有所下降。

同理，根据我们的分类和分期方法计算而得的 2013—2021 年斯洛文尼亚产品在中国进口市场的 CMSA 逐年分解结果如表 5.7 所示。

表 5.7　2013—2021 年斯洛文尼亚产品在中国进口市场的 CMSA 逐年分解

视角	效应	2013 年	2014 年	2015 年	2016 年	2017 年	2018 年	2019 年	2020 年	2021 年	年均
绝对量（0.01%）	新品竞争	0.08	0.06	0.05	0.69	0.09	0.06	0.07	0.04	0.03	0.13
	结构效应	-0.06	0.17	0.03	0.01	-0.31	-0.23	-0.29	0.02	-0.20	-0.10
	老品竞争	0.13	-0.09	-0.05	0.33	0.16	0.25	-0.07	-0.08	0.07	0.07
	总效应	0.14	0.14	0.03	1.03	-0.06	0.08	-0.29	-0.03	-0.10	0.11
增长率（%）	新品竞争	5.79	3.94	2.84	39.91	3.22	2.37	2.35	1.42	1.09	6.99
	结构效应	-4.57	10.84	1.98	0.72	-11.34	-8.46	-10.29	0.67	-8.10	-3.17
	老品竞争	9.06	-5.83	-2.93	18.98	5.78	9.20	-2.39	-3.13	2.80	3.50
	总效应	10.27	8.95	1.89	59.61	-2.35	3.11	-10.33	-1.05	-4.21	7.32

注：年均为前 9 年效应的简单平均数。

数据来源：作者根据 UN-Comtrade 数据计算而得。

从表 5.7 中可以看出：（1）从总的效应看，2013—2021 年多数年份斯洛文尼亚产品在中国进口市场的总市场份额得到了增加，虽然增加的绝对幅度并不大，但相对增长确实比较高，总效应每年平均较上年同期增长 7.3%，经过 9 年的增长市场份额几乎增长了一倍，这一点从二元边际分析中也可以看出来；（2）总市场份额的增加主要贡献来自新产品的不断进入和老产品竞争力的不断提升，这一点同中国产品在斯洛文尼亚市场的表现是不一样的，说明两者进入对方市场的模式或市场渠道不一样，中国产品在斯洛文尼亚市场的增加既凭借合理的产品结构，也依靠细分市场竞争力的不断提升；（3）斯洛文尼亚产品在中国市场的结构效应在此期间多数年份是负数，表明斯洛文尼亚产品在中国市场的结构不够合理，产品结构的变化跟不上中国进口需求结构的变化，多数产品分布在中国进口增长比较缓慢的细分市场，这在一定程度上阻碍了斯洛文尼亚对中国出口市场份额的增长，因此斯洛文尼亚应该在不断尝试将新产品打入中国市场的同时，更加注重及时调整自身的出口产品结构，以适应中国进口需求的变化。

第四节　本章小结

斯洛文尼亚是中国在西巴尔干地区最大的贸易伙伴，中国是斯洛文尼亚在亚洲最大的贸易伙伴。通过上述对中斯双边货物贸易结构和绩效进行分析，我们可以看到中斯两国近十年来双边贸易增长迅速，超过同期各自对世界的贸易增速，尽管双边贸易发展趋势良好，但双边贸易不平衡问题依然存在，中国对斯洛文尼亚的贸易平衡度出现上升趋势，即中国对斯出口额与进口额之比自 2019 年持续攀升。用联合国贸易统计数据库的所有三大类货物贸易分类方法：经济大类（BEC）、国际贸易标准分类（SITC）和海关编码分类（HS）分析双边贸易结构发现，中国对斯洛文尼亚出口以中间品和消费品为主，而斯洛文尼亚对中国出口则以中间品和资本品为主，双方在彼此市场出口产品类别上有较高的相似性，机电仪器和交通工具类产品与化矿金属类产品成为双边出口占比前两位的品种。通过二元边际分析发现，中国产品在斯洛文尼亚进口市场份额的获得依靠同时提高市场广度和加大深度来完成，而斯洛文尼亚在中国市场份额的获取主要靠提高广度来完成，这一点通过恒定市场份额分析（CMSA）的结论也得到了验证，中国在斯洛文尼亚市场份额的增长主要来自结构效应的贡献，即中国出口的大部分产品都集中在斯洛文尼亚进口增长较快的细分市场上，而斯洛文尼亚在中国市场份额的增长主要来自新品竞争力的提升，特别是 2016 年新品竞争力对市场份额增长的贡献接近 70%，但疫情发生以来新品竞争力效应的贡献力显著下降，这需要中斯双方继续加大合作力度，2022 年底首班中欧班列（齐鲁号）南通道“跨两海”班列从上合示范区多式联运中心启程，去往斯洛文尼亚第一大港口科佩尔，进一步扩展了欧洲方向国际物流大通道，相信这将为中斯贸易合作打开新空间。

第六章

中国—罗马尼亚双边贸易结构与绩效分析

第一节　双边贸易概况

罗马尼亚位于东南欧巴尔干半岛东北部，国土面积为 23.84 万平方公里，北部和东北部分别与乌克兰和摩尔多瓦交界，西北部和西南部分别同匈牙利和塞尔维亚接壤，南部同保加利亚以多瑙河为界，东临黑海。罗马尼亚自然条件优越，资源丰富，石油和天然气储量居欧洲前列，位于世界三大黑土带上，耕作土壤肥沃，地表水和地下水蕴藏量较大，农业潜力巨大。近年来，罗马尼亚信息与通信行业逐步成为服务业的新亮点，吸引了大批世界级的科技企业投资①。

罗马尼亚作为欧盟成员国，是中国同中东欧乃至整个欧洲合作的重要支点，也是“一带一路”倡议的重要沿线国家。2012—2021 年中国在罗马尼亚的贸易伙伴国地位从第 12 位上升到了第 8 位，位于保加利亚之后。罗马尼亚同中国的贸易总额的占比从 2.48%提升到了 3.77%，中国产品在罗马尼亚的市场份额从 3.83%提升到了 5.48%，在贸易伙伴国地位上进一步缩小了与德国的差距。

① 商务部国际贸易经济合作研究院、中国驻罗马尼亚大使馆经济商务处、商务部对外投资和经济合作司：《对外投资合作国别（地区）指南——罗马尼亚》（2021 版）。

从中国的视角看，2012 年双边贸易总额为 37.8 亿美元，到 2021 年双边贸易总额达到了 102.2 亿美元，2012—2021 年年均增速高达 11.7%；从罗马尼亚的视角看，2012 年双边贸易总额为 31.8 亿美元，到 2021 年双边贸易总额达到了 77.2 亿美元，2012—2021 年年均增速高达 10.3%；均远高于双边对全球的货物贸易水平，这一期间中国在全球的贸易总额年均增速为 5.09%，罗马尼亚在全球的贸易总额年均增速为 5.35%，双边贸易发展迅速得益于双边经济增长均快于全球平均水平而产生的贸易引致效应，但更主要的是得益于中国—中东欧合作机制带来的双边经贸关系的日益密切。

2012—2021 年中国—罗马尼亚双边贸易发展趋势可以用双边货物贸易指数及货物贸易平衡度来表示，如图 6.1 所示。

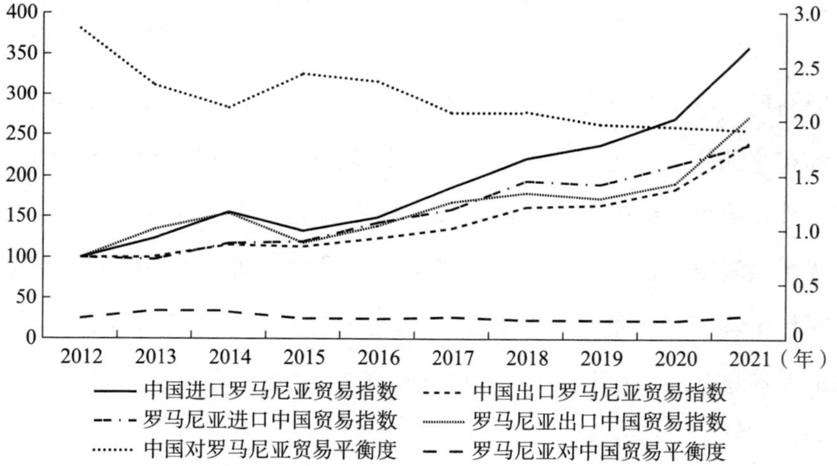

图 6.1　中国—罗马尼亚双边货物贸易指数及平衡度（%）

注：1. 进出口贸易指数均以 2012 年为基年（2012 年指数 = 100）；

2. 贸易平衡度等于出口额与进口额的比值；

3. 贸易平衡度指标采用右侧坐标，其余 4 条线均为左侧坐标。

数据来源：作者根据 UN-Comtrade 数据计算而得。

从图 6.1 中可以看出：（1）中国进出口罗马尼亚的贸易指数均呈现出明显的上升趋势，且进口贸易指数一直大于出口贸易指数，表明中罗双边贸易并未受疫情影响且逆势上涨，这主要是由于中国加大了从罗马尼亚进口动植物油脂类（HS 第 15 章）产品的规模，2021 年进口额达到 2504.7 万美元，较

2019 年增长近 21 倍，加之疫情期间药品进口增长迅猛，2021 年从罗马尼亚进口药品总额（1034. 9 万美元）超过 2020 年（194. 9 万美元）的 4 倍，以及车辆及其零附件等的进口持续增长①；（2）罗马尼亚进出口中国贸易指数呈交替式上升趋势，2013—2014 年出口中国贸易指数远超进口，接下来的 3 年二者几乎重合，而后 2018—2020 年进口中国贸易指数又反超出口，直到 2021 年进口指数再次被超越，这主要得益于矿砂、矿渣及矿灰和钢铁等对华出口的快速增长，其中 2021 年钢铁对华出口额为 1. 33 亿美元，较上年同期增长超 30 倍，以上变化表明罗马尼亚对华进出口增长趋势趋于一致，在一定程度上反映了对华产品和对华市场同等程度的依赖；（3）从贸易平衡度来看，中国对罗马尼亚出口额是进口额的 2～3 倍，而这一数字在罗马尼亚一方看来却高达 4~6 倍（罗马尼亚对华进口额比出口额），这一方面表明中罗双边货物贸易存在巨大的不平衡，中国长期保持了较大幅度的贸易顺差，另一方面也表明由于统计方法的问题，在中国看来比较大的贸易顺差会变成在罗马尼亚看来巨大的贸易逆差，进一步加剧了罗马尼亚对双边贸易不平衡问题的不满。

第二节　双边出口贸易结构

一、经济大类视角下的出口结构变化趋势

中国—罗马尼亚双边货物出口贸易结构变化如表 6. 1 所示。

表 6. 1　中国—罗马尼亚双边货物出口贸易结构（按经济大类）　单位：%

产品类别 \ 年份 \ 贸易伙伴	中国出口罗马尼亚产品		罗马尼亚出口中国产品	
	2012 年	2021 年	2012 年	2021 年
消费品占比	28. 99	19. 79	3. 35	3. 45
中间品占比	43. 32	51. 30	84. 95	79. 24

① 2021 年中国从罗马尼亚进口车辆及其零附件类产品（HS87 章）的贸易总额达 6. 53 亿美元，较上年增长 76. 7%。

续表

产品类别 \ 年份 \ 贸易伙伴	中国出口罗马尼亚产品		罗马尼亚出口中国产品	
	2012 年	2021 年	2012 年	2021 年
资本品占比	27.68	27.95	11.51	17.13
广泛用途占比	0.01	0.97	0.20	0.21

数据来源：作者根据 UN-Comtrade 数据计算而得。

从表 6.1 中可以看出：（1）相较于 2012 年，2021 年中国出口罗马尼亚的中间品比重大幅上升，而消费品份额则表现为明显的下降趋势，资本品占比变化不大，表明中国中间品在罗马尼亚进口市场的比较优势显著提升，这在一定程度上反映了罗马尼亚产业链与中国关联度进一步深化；（2）同期，罗马尼亚出口中国的资本品比重显著提升，而中间品占比却出现了较大幅度的下降，消费品占比变化不大，表明其资本品在中国市场的竞争力得到了较大程度的提升，但中间品的相对比较优势则有所下降；（3）中罗双边贸易结构得到优化（或者说消费品贸易占比下降），双边产业关联的深化更多地表现为罗马尼亚生产体系对中国中间品的依赖不断强化。

二、产品要素属性视角下的出口结构变化趋势

中国（罗马尼亚）出口到罗马尼亚（中国）的产品结构如表 6.2 所示。

表 6.2　中国—罗马尼亚双边货物出口贸易结构（按要素门类）　　单位：%

产品类别 \ 年份 \ 贸易伙伴	中国出口罗马尼亚产品		罗马尼亚出口中国产品	
	2012 年	2021 年	2012 年	2021 年
资源密集型产品占比	3.72	2.04	40.95	21.43
劳动密集型产品占比	49.99	38.00	15.89	36.37
资本技术密集型产品占比	46.29	59.96	43.16	42.19

数据来源：作者根据 UN-Comtrade 数据计算而得。

从表 6.2 中可以看出：（1）2012 年中国出口罗马尼亚产品中资源密集型产品占比非常低，2021 年该比率进一步下降至 2.04%，劳动密集型产品占比出现明显的下降，资本技术密集型产品比重则显著提高，这表明中国出口罗

马尼亚的产品结构得到显著优化，高附加值出口产品占比大幅提升；（2）罗马尼亚出口中国的产品结构变化趋势和中国的情况截然不同，出口结构出现一定程度的恶化，在资源密集型产品出口比重大幅下降的同时，劳动密集型产品出口占比出现几乎同等程度的上升；（3）同中国出口结构相比，罗马尼亚出口中国产品中资本技术密集型产品占比不高，在一定程度上说明了罗马尼亚的资本技术密集型产品同中国相比竞争力不强。

三、产业视角下的出口结构变化趋势

此处，以中罗双边出口七大类产品（HS2 级编码分类）的结构变化来展现出口结构在行业层面的主要特征，如表 6.3 所示。

表 6.3　中国—罗马尼亚双边货物出口产品结构　单位:%

贸易伙伴 \ 年份 \ 产品类别		农食产品占比	机电仪器和交通工具占比	化矿金属占比	纺织鞋帽占比	橡塑皮革占比	玩具钟表占比	木材纸张非金属占比
中国出口罗马尼亚	2012 年	2.01	49.08	12.18	18.68	5.50	6.89	5.65
	2021 年	1.70	61.72	10.49	7.96	4.88	9.15	3.59
罗马尼亚出口中国	2012 年	1.31	35.22	33.47	1.36	7.34	1.29	19.95
	2021 年	2.08	48.41	23.29	1.35	5.33	1.13	18.40

数据来源：作者根据 UN-Comtrade 数据计算而得。

从表 6.3 中可以看出：（1）相较于 2012 年，2021 年双边出口贸易的前三大产品的类别基本没有变化，但前三大产品集中度略有上升，且上升趋势主要体现在第一大贸易品，即机电仪器和交通工具类产品（HS84～93 章）上，表明该类市场竞争优势得到进一步强化；（2）中国（罗马尼亚）出口罗马尼亚（中国）的第一大类产品（机电仪器和交通工具类）相对比较优势出现比较明显的强化，中国出口的纺织鞋帽类商品占比下降超 10 个百分点，其第二大贸易品的地位已让位于化矿金属类产品（HS25～38 章、HS72～83 章），与此同时，玩具钟表类产品（HS71 章、HS94～97 章）的相对比较优势得到强化，跻身于对罗出口第三大类产品；（3）双方在彼此市场出口的产品类别有较大的相似性，机电仪器和交通工具类产品均是双边出口占比最大的品种，表明双边在上述产业间的关联相对比较密切，但罗马尼亚对华出口的木材纸张非金属类产品（HS44~49 章、HS68~70 章）占比接近 20%，即该类产品具有较强的比较优势。

第三节 双边贸易绩效分析

一、市场绩效的二元边际分析

中国（罗马尼亚）出口产品在罗马尼亚（中国）进口市场的二元边际如表 6. 4 所示。

表 6. 4 2012—2021 年中罗出口产品在彼此市场的二元边际 单位：%

贸易伙伴 \ 二元边际指标 \ 年份		2012 年	2013 年	2014 年	2015 年	2016 年	2017 年	2018 年	2019 年	2020 年	2021 年
罗马尼亚产品在中国市场	广度	47. 2	47. 4	50. 8	51. 5	49. 6	52. 1	50. 5	54. 5	54. 8	55. 3
	深度	0. 11	0. 13	0. 15	0. 15	0. 18	0. 19	0. 20	0. 21	0. 23	0. 24
	份额	0. 05	0. 06	0. 08	0. 08	0. 09	0. 10	0. 10	0. 11	0. 13	0. 13
中国产品在罗马尼亚市场	广度	69. 4	74. 2	77. 5	77. 8	76. 9	77. 9	77. 4	75. 9	79. 2	75. 6
	深度	5. 52	4. 81	5. 22	5. 89	6. 66	6. 40	6. 88	6. 94	7. 88	7. 25
	份额	3. 83	3. 57	4. 04	4. 59	5. 12	4. 98	5. 32	5. 27	6. 24	5. 48

数据来源：作者根据 UN-Comtrade 数据计算而得。

从表 6. 4 中可以看出：（1）2012—2021 年中国和罗马尼亚产品均在对方进口市场取得了较大的绩效，罗马尼亚产品在中国的市场份额从 0. 05%提高到了 0. 13%，翻了一番；同时中国产品在罗马尼亚市场的份额从 3. 8%提高到了 5. 5%，增加了 43. 1%；（2）中国产品在罗马尼亚进口市场的广度和深度均有所提高，特别是在广度方面提升幅度较大，表明中国更多种类的产品受到罗马尼亚民众的喜爱，即市场份额的获得主要靠提高市场广度来完成；（3）罗马尼亚产品在中国进口市场的广度在上下波动中呈上升趋势，同时市场深度保持稳定增长，在中国市场份额的获取同时依靠提升广度和加大深度来完成，一方面表明罗马尼亚产品在中国已打开部分新的市场，另一方面表明罗马尼亚产品在其所在产品种类的（中国）进口市场份额上升。

二、双边贸易互补性分析

中国与罗马尼亚双边贸易互补性结果如表 6.5 所示。

表 6.5　2012—2021 年中罗贸易的互补性

年份 贸易伙伴	2012 年	2013 年	2014 年	2015 年	2016 年	2017 年	2018 年	2019 年	2020 年	2021 年
中国出口对罗马尼亚进口	0. 607	0. 618	0. 632	0. 646	0. 652	0. 651	0. 657	0. 656	0. 663	0. 657
罗马尼亚出口对中国进口	0. 532	0. 513	0. 547	0. 555	0. 574	0. 580	0. 572	0. 567	0. 575	0. 567

数据来源：作者根据 UN-Comtrade 数据计算而得。

从表 6.5 中可以看出：（1）2012—2021 年中国对罗马尼亚的贸易互补性小幅上升，2021 年达到 0. 657，较 2012 年上升 8. 2%，表明中国的产品供给能够较好地满足罗马尼亚的需求；（2）同期，罗马尼亚对中国的贸易互补性呈“倒 U 型”变化，即先上升后下降的变化趋势，表明罗马尼亚产品与中国市场需求的匹配程度近年来有所下降，罗马尼亚经济贸易部门或可充分利用“中国—中东欧合作”框架下的贸易促进机制加大对其商品在中国市场的推广力度，使其更好地满足中国消费者的需求；（3）中罗两国贸易互补性差距呈先缩小后扩大的变化，结合前述二元边际分析，罗马尼亚仍需继续在中国开拓新的市场，进一步提升其出口产品在中国的市场广度，以促进未来双边贸易的平衡发展。

三、恒定市场份额分析（CMSA）

依据前述方法计算而得的 2013—2021 年中国产品在罗马尼亚进口市场的 CMSA 逐年分解结果如表 6.6 所示。

表 6.6　2013—2021 年中国产品在罗马尼亚进口市场的 CMSA 逐年分解

视角	效应	2013 年	2014 年	2015 年	2016 年	2017 年	2018 年	2019 年	2020 年	2021 年	年均
绝对量（0.1%）	新品竞争	0.14	0.13	0.13	0.23	0.10	0.53	0.07	0.17	0.23	0.19
	结构效应	0.73	1.16	1.51	1.25	−0.48	1.36	−0.14	3.06	−5.16	0.36
	老品竞争	−3.44	3.47	3.81	3.83	−0.96	1.51	−0.46	6.47	−2.67	1.28
	总效应	−2.57	4.76	5.44	5.30	−1.33	3.39	−0.53	9.69	−7.61	1.84
增长率（%）	新品竞争	0.36	0.35	0.31	0.50	0.20	1.06	0.13	0.32	0.37	0.40
	结构效应	1.92	3.25	3.72	2.71	−0.94	2.72	−0.26	5.80	−8.27	1.18
	老品竞争	−9.00	9.73	9.42	8.34	−1.87	3.03	−0.86	12.27	−4.29	2.97
	总效应	−6.72	13.33	13.45	11.55	−2.61	6.81	−0.99	18.38	−12.19	4.56

注：年均为前 9 年效应的简单平均数。

数据来源：作者根据 UN-Comtrade 数据计算而得。

从表 6.6 中可以看出：（1）从总的效应看，2013—2021 年多数年份中国产品在罗马尼亚的市场份额都在增加，特别是 2020 年市场份额扩张近 1%，较上年同期增长接近 20%，表明中国产品在罗马尼亚市场的总体竞争力在不断提升；（2）从三种效应对综合竞争力的贡献看，平均而言，老品竞争力效应占据主导地位，平均每年对市场份额的增长贡献接近 70%，这表明在此期间中国大多数产品在原有细分市场的竞争力都有所提高，特别是中国较为严格的防疫政策保障了新冠肺炎疫情初期国内生产和供应链的稳定，使原有出口产品竞争力明显提升；（3）结构效应在绝大多数年份都是正数，这表明在此期间中国出口罗马尼亚的产品多数年份非常适应罗马尼亚进口市场需求的变化，大部分产品都集中在罗马尼亚进口增长较快的细分市场上，因而可以拉动市场份额的增长，9 年间结构效应平均每年对市场份额增长的贡献接近 20%；（4）新品竞争力对总体市场份额增长的贡献不大，平均每年仅增加 0.02%，表明中国每年都有新产品进入罗马尼亚市场，但新产品竞争力对市场份额的增长贡献有限，结合二元边际的分析，可以看出新品竞争力的贡献和二元边际中广度的变化基本一致。

同理，根据我们的分类和分期方法计算而得的 2013—2021 年罗马尼亚产品在中国进口市场的 CMSA 逐年分解结果如表 6.7 所示。

表 6.7　2013—2021 年罗马尼亚产品在中国进口市场的 CMSA 逐年分解

视角	效应	2013 年	2014 年	2015 年	2016 年	2017 年	2018 年	2019 年	2020 年	2021 年	年均
绝对量（0.01%）	新品竞争	0.12	0.09	0.10	0.12	0.26	0.03	0.16	0.04	0.11	0.11
	结构效应	0.10	0.68	0.45	0.38	−0.32	−0.51	−0.03	0.72	−0.90	0.06
	老品竞争	0.58	0.80	−0.60	0.95	0.79	0.74	0.90	0.80	1.10	0.68
	总效应	0.80	1.57	−0.05	1.45	0.73	0.27	1.02	1.56	0.32	0.85
增长率（%）	新品竞争	2.29	1.38	1.33	1.55	2.88	0.29	1.53	0.39	0.88	1.39
	结构效应	1.78	11.02	5.74	4.94	−3.50	−5.12	−0.32	6.42	−7.05	1.55
	老品竞争	10.84	12.94	−7.73	12.38	8.59	7.52	8.87	7.17	8.66	7.69
	总效应	14.91	25.34	−0.66	18.86	7.97	2.69	10.08	13.98	2.48	10.63

注：年均为前 9 年效应的简单平均数。

数据来源：作者根据 UN-Comtrade 数据计算而得。

从表 6.7 中可以看出：（1）从总的效应看，2013—2021 年除 2015 年外罗马尼亚产品在中国进口市场的总市场份额均得到提高，虽然增加的绝对幅度并不大，但相对增长确实比较高，总效应每年平均较上年同期增长 10.6%，经过 9 年的增长市场份额增长超过一倍，这一点从二元边际分析中也可以看出来；（2）总市场份额的增加主要贡献来自老产品竞争力的不断提升和新产品的不断进入，这一点同中国产品在罗马尼亚市场的表现是不一样的，说明两者进入对方市场的模式或市场渠道不一样，中国产品在罗马尼亚市场份额的增加主要依靠细分市场竞争力的不断提升；（3）罗马尼亚产品在中国市场的结构效应在此期间多数年份是正数，表明罗马尼亚产品在中国市场的结构较为合理，产品结构的变化能够在一定程度上满足中国进口需求结构的变化，特别是 2020 年结构效应对市场份额的贡献率达到 46.2%，表明当年多数产品分布在中国进口增长比较快的细分市场，但 2021 年结构效应再次延续了 2017—2019 年的负向变化趋势，说明受制于已有市场渠道和既定产业结构，罗马尼亚出口产品结构调整缓慢，难以适应中国进口需求的变化。

第四节　本章小结

通过上述对中罗双边货物贸易结构和绩效进行分析，我们可以看到中罗两国近十年来双边贸易增长迅速，均超过同期各自对世界的贸易增速，双边贸易发展趋势良好。尽管双边贸易不平衡问题依然存在，但中国对罗马尼亚的贸易平衡度呈下降趋势，即从中国视角来看中罗贸易不平衡已有所改善。用联合国贸易统计数据库的所有三大类货物贸易分类方法：经济大类（BEC）、国际贸易标准分类（SITC）和海关编码分类（HS）分析双边贸易结构发现，中罗双边贸易互补性较强，但中国出口对罗马尼亚的互补性高于罗马尼亚出口对中国的互补性，且中罗两国贸易互补性差距呈先缩小后扩大的变化，中国对罗马尼亚出口中资本技术密集型产品占据主导地位，而罗马尼亚对中国出口则分布得较为平均，按要素划分的三类产品资本技术密集型、劳动密集型与资源密集型对华出口所占比例接近4∶3∶2。通过二元边际分析发现，中国与罗马尼亚在对方进口市场份额的获得均依靠同时提高市场广度和加大深度来完成，这一点通过恒定市场份额分析（CMSA）的结论也得到了验证，即中罗双方在对方进口市场份额的增长主要贡献来自原有产品竞争力的不断提升和新产品的不断进入，此外，中国出口的大部分产品集中在罗马尼亚进口增长较快的细分市场上，新冠肺炎疫情期间，中欧班列为维护产业链与供应链稳定、助力各国复工复产、拉动经济复苏发挥了不可替代的作用。中国—中东欧合作机制在疫情期间发挥了重要作用，在后疫情时代将为双方经济快速强劲复苏提供机遇。

第七章

中国—保加利亚双边贸易结构与绩效分析

第一节 双边贸易概况

保加利亚位于东南欧巴尔干半岛东南部，国土面积为 11.1 万平方公里，人口约为 692 万。北隔多瑙河与罗马尼亚相望，西与塞尔维亚、北马其顿相邻，南与希腊、土耳其接壤，东濒黑海。2020 年受疫情、反腐败等多重因素影响，保加利亚政局不稳定，政党斗争加剧，民众游行抗议增多，政府被迫改组，财政、经济、环境等多名部长辞职①。2022 年 11 月新当选的国民议会尚未成功组建常规政府，国家目前由看守政府治理，但议会内部的政治分歧越发加深。2023 年，保加利亚面临的主要挑战将是克服政治危机、组建常规政府并逐步解决只有常规政府才能解决的所有紧迫的政治、经济和社会问题。从维持保加利亚地方政府和各政党稳定的角度来看，今年的选举结果至关重要②。

2019 年，中保建立战略伙伴关系，双方开启了经贸发展新篇章，2020 年中保贸易经受住了新冠肺炎疫情的考验，逆势增长。2012—2021 年中国在保

① 商务部国际贸易经济合作研究院、中国驻保加利亚大使馆经济商务处、商务部对外投资和经济合作司：《对外投资合作国别（地区）指南——保加利亚》（2021 版）。

② 中国—中东欧研究院智库、Evgeniy Kandilarov：《保加利亚 2023 年政治发展展望》，2023 年 2 月13 日。

加利亚的贸易伙伴国地位从第 9 位上升到了第 7 位，位于俄罗斯之后。保加利亚同中国的贸易总额的占比从 2.92%提升到了 4.37%，中国产品在保加利亚的市场份额从 2.98%提升到了 5.41%，在贸易伙伴国地位上进一步缩小了与德国的差距。

从中国的视角看，2012 年双边贸易总额为 18.9 亿美元，到 2021 年双边贸易总额达到了 41.1 亿美元，2012—2021 年年均增速高达 8.98%；从保加利亚的视角看，2012 年双边贸易总额为 17.4 亿美元，到 2021 年双边贸易总额达到 38.4 亿美元，2012—2021 年年均增速高达 9.2%；均远高于双边对全球的货物贸易水平，这一期间中国在全球的贸易总额年均增速为 5.09%，保加利亚在全球的贸易总额年均增速为 4.42%，双边贸易发展迅速得益于双边经济增长均快于全球平均水平而产生的贸易引致效应，但更主要的是得益于中国—中东欧合作机制带来的双边经贸关系的日益密切。

2012—2021 年中国—保加利亚双边贸易发展趋势可以用双边货物贸易指数及货物贸易平衡度来表示，如图 7.1 所示。

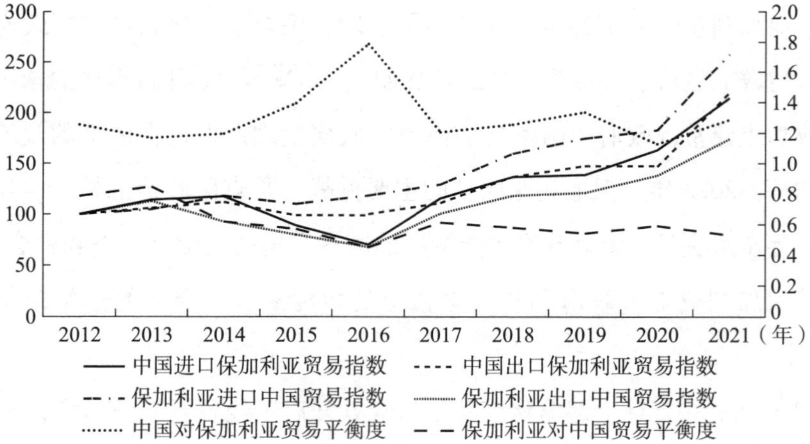

图 7.1　中国—保加利亚双边货物贸易指数及平衡度（%）

注：1. 进出口贸易指数均以 2012 年为基年（2012 年指数 = 100）；

2. 贸易平衡度等于出口额与进口额的比值；

3. 贸易平衡度指标采用右侧坐标，其余 4 条线均为左侧坐标。

数据来源：作者根据 UN-Comtrade 数据计算而得。

从图 7.1 中可以看出：（1）中国进口保加利亚的贸易指数呈现出先下降后上升的“U 型”变化趋势，2016 年进口指数降至十年来最低值 70.2，即 2016 年从保加利亚进口总额仅为 2012 年的 70%左右，这主要是由铜、铝及其制品和纸类制品进口大幅下降造成的，铜及其制品进口额减少 3.23 亿美元，较 2012 年下降 56.6%，而另两类产品进口规模虽不及铜制品，进口降幅却超过 95%，同期，中国出口贸易指数平稳增长，但 2021 年突然出现加速上升态势，这主要是由于车辆、电气设备和家具寝具等产品出口的快速增长①；（2）保加利亚进口（出口）中国贸易指数与中国出口（进口）保加利亚贸易指数变化趋势一致，保加利亚出口中国贸易指数在 2016 年后呈现稳步上涨趋势，这主要是由于食品工业残渣、谷物以及疫情期间药品等出口的快速增长，以上产品 2021 年的出口增长率（较上年同期）分别达到 6.5 倍、75.6%和 93.5%，同时，保加利亚对华出口增长趋势明显低于对华进口增长趋势，在一定程度上反映了对华产品的依赖明显高于对华市场的依赖；（3）从贸易平衡度来看，中国对保加利亚出口额是进口额的 1.1~1.8 倍，这一数字在保加利亚一方看来是近乎同样大小的倍数（保加利亚对华进口额比出口额介于 1.2~2.2），这一方面表明中保双边货物贸易存在一定的不平衡，中国长期保持了一定程度的贸易顺差，但另一方面考虑到统计方法的问题，在保加利亚看来是几乎对等的贸易逆差，这表明保加利亚存在的双边贸易不平衡问题并不像其他中东欧国家那么严峻。

第二节　双边出口贸易结构

一、经济大类视角下的出口结构变化趋势

中国—保加利亚双边货物出口贸易结构变化如表 7.1 所示。

① 2021 年车辆（HS87 章）、电气设备（HS85 章）和家具寝具（HS94 章）出口较上年同期分别增长 66.8%、74.6%和 61.8%，另外，谷物、糕饼点心（4.4 万美元）和水果坚果（262.6 万美元）出口较上年增长 7 倍和 4.5 倍，但因其出口总规模并不大，因此，对于出口增长率的贡献有限。

表 7.1　中国—保加利亚双边货物出口贸易结构（按经济大类）　单位：%

贸易伙伴 / 年份 / 产品类别	中国出口保加利亚产品		保加利亚出口中国产品	
	2012 年	2021 年	2012 年	2021 年
消费品占比	26.05	19.08	1.36	2.89
中间品占比	53.59	52.36	97.30	91.21
资本品占比	19.79	27.46	1.32	5.85
广泛用途占比	0.58	1.10	0.03	0.06

数据来源：作者根据 UN-Comtrade 数据计算而得。

从表 7.1 中可以看出：（1）相较于 2012 年，2021 年中国出口保加利亚的资本品比重大幅上升，其比重较 2012 年提高 38.8%，而消费品份额则表现为明显的下降趋势，中间品占比略有下降，表明中国资本品在保加利亚进口市场的比较优势有较大提升，这在一定程度上反映了保加利亚产业链与中国关联度进一步深化；（2）同期，保加利亚出口中国的产品结构表现出和中国结构相似的变化，其资本品比重显著提升，但占比仍然很低，仅为 5.85%，而中间品占比却出现了较大幅度的下降，表明其中间品的相对比较优势有所下降，尽管如此，保加利亚对华出口仍高度集中在中间品上；（3）中保双边贸易结构出现一定程度的优化（或者说消费品贸易占比下降），双边产业关联的深化更多地表现为保加利亚生产体系对中国资本品的依赖不断强化。

二、产品要素属性视角下的出口结构变化趋势

中国（保加利亚）出口到保加利亚（中国）的产品结构如表 7.2 所示。

表 7.2　中国—保加利亚双边货物出口贸易结构（按要素门类）　单位：%

贸易伙伴 / 年份 / 产品类别	中国出口保加利亚产品		保加利亚出口中国产品	
	2012 年	2021 年	2012 年	2021 年
资源密集型产品占比	4.06	3.24	18.29	29.52
劳动密集型产品占比	39.81	39.27	77.15	58.44
资本技术密集型产品占比	56.13	57.49	4.56	12.04

数据来源：作者根据 UN-Comtrade 数据计算而得。

从表 7.2 中可以看出：（1）2012 年中国出口保加利亚产品中资源密集型产品占比非常低，且 2021 年该比率呈现出下降趋势，劳动密集型产品占比变化不大，资本技术密集型产品的比重则上升 1 个百分点，这表明中国出口保加利亚的产品结构略有优化，高附加值出口产品比值在上升；（2）保加利亚出口中国的产品结构变化趋势和中国的情况存在显著差异，在劳动密集型产品出口大幅下降的同时，资源密集型和资本技术密集型产品出口比重显著提升，特别是后者比重较 2012 年提高近 8 个百分点，这主要得益于发电机械设备（SITC71）和个别工业专用机械（SITC72）出口的快速增长，二者年均增速高达 79.1%和 39.6%；（3）同中国出口结构相比，保加利亚出口中国产品中劳动密集型产品占比比较高，其中有色金属（SITC68）和专业科学控制仪器（SITC87）的比重分别为 52.4%和 3.7%，在一定程度上说明了保加利亚的劳动密集型产品同中国相比竞争力比较强。

三、产业视角下的出口结构变化趋势

此处，以中保双边出口七大类产品（HS2 级编码分类）的结构变化来展现出口结构在行业层面的主要特征，如表 7.3 所示。

表 7.3 中国—保加利亚双边货物出口产品结构

单位：%

贸易伙伴	年份	农食产品占比	机电仪器和交通工具占比	化矿金属占比	纺织鞋帽占比	橡塑皮革占比	玩具钟表占比	木材纸张非金属占比
中国出口保加利亚	2012 年	3.09	49.30	15.19	13.30	5.39	7.62	6.10
	2021 年	2.49	53.98	11.21	11.42	5.07	11.00	3.90
保加利亚出口中国	2012 年	0.70	3.82	92.41	0.61	0.72	0.46	1.27
	2021 年	14.37	13.27	70.08	0.51	0.91	0.45	0.41

数据来源：作者根据 UN-Comtrade 数据计算而得。

从表 7.3 中可以看出：（1）相较于 2012 年，2021 年中国出口保加利亚的前三大产品的类别没有变化，但前三大产品集中度略有下降，且下降趋势主要体现在第二大贸易品，即化矿金属类产品（HS25～38 章、HS72～83 章）上，表明该类市场竞争优势弱化；（2）中国出口保加利亚的第一大类产品

（机电仪器和交通工具类）相对比较优势得到强化，而保加利亚出口中国的第一大类产品（化矿金属类）相对比较优势则出现明显的弱化趋势，同时，其农食产品类（HS01～24 章）出口已超过机电仪器和交通工具类占比（HS84～93 章），成为保加利亚出口中国的第二大类产品，其中食品工业残渣及废料类（HS23 章）和谷物类（HS10 章）占比分别达到 6.8%和 3.4%；（3）双方在彼此市场出口产品类别有较大的差异性，机电仪器和交通工具类产品是中国对保出口的主要产品，而化矿金属则是保加利亚对华出口占比最大的品种，表明双边在相关产业间的竞争性并不强。

第三节　双边贸易绩效分析

一、市场绩效的二元边际分析

中国（保加利亚）出口产品在保加利亚（中国）进口市场的二元边际如表 7.4 所示。

表 7.4　2012—2021 年中保出口产品在彼此市场的二元边际　　单位：%

贸易伙伴	二元边际指标＼年份	2012 年	2013 年	2014 年	2015 年	2016 年	2017 年	2018 年	2019 年	2020 年	2021 年
保加利亚产品在中国市场	广度	34.3	40.9	41.8	38.5	43.7	43.1	40.1	39.8	41.0	38.6
	深度	0.13	0.12	0.12	0.12	0.09	0.12	0.13	0.14	0.16	0.17
	份额	0.05	0.05	0.05	0.04	0.04	0.05	0.05	0.06	0.07	0.07
中国产品在保加利亚市场	广度	56.8	52.5	61.1	58.4	66.3	66.1	66.3	66.3	69.7	67.4
	深度	5.24	5.66	5.41	6.26	6.00	5.55	6.19	6.81	7.29	8.02
	份额	2.98	2.97	3.30	3.66	3.97	3.67	4.10	4.51	5.09	5.41

数据来源：作者根据 UN-Comtrade 数据计算而得。

从表 7.4 中可以看出：（1）2012—2021 年中国和保加利亚产品均在对方进口市场取得了较大的绩效，保加利亚产品在中国的市场份额从 0.05%提高到了 0.07%，市场份额增长 40%，但总体占比仍微乎其微；同时中国产品在保加利亚市场的份额从2.98%提高到了5.41%，增长81.5%；（2）中国产品在保加利亚进口市场的广度和深度均有所提高，特别是在广度方面提升幅度较大，表明中国更多种类的产品受到保加利亚民众的喜爱，即市场份额的获得主要靠提高市场广度来完成；（3）保加利亚产品在中国进口市场的广度呈"M型"变化，特别是2016年后总体表现出下降趋势，深度则呈"V型"变化，在中国市场份额的获取主要依靠提高广度来完成，但与同为欧盟成员且人均GDP最为接近的罗马尼亚相比，其市场广度和深度远落后于罗马尼亚，因此，保加利亚应在充分利用贸易便利化措施继续推动对华出口规模扩大的同时，进一步拓展其优势产品在中国的市场。

二、双边贸易互补性分析

中国与保加利亚双边贸易互补性结果如表7.5所示。

表7.5 2012—2021年中保贸易的互补性

贸易伙伴＼年份	2012年	2013年	2014年	2015年	2016年	2017年	2018年	2019年	2020年	2021年
中国出口对保加利亚进口	0.481	0.483	0.512	0.524	0.552	0.532	0.548	0.559	0.566	0.574
保加利亚出口对中国进口	0.589	0.574	0.581	0.580	0.581	0.579	0.581	0.612	0.592	0.589

数据来源：作者根据UN-Comtrade数据计算而得。

从表7.5中可以看出：（1）2012—2021年中国对保加利亚的贸易互补性显著上升，2021年达到0.574，较2012年上升19.3%，表明中国的产品供给能够更好地满足保加利亚的需求；（2）同期，保加利亚对中国的贸易互补性仅在2019年出现大幅增长，而后再次下降至与2012年持平，尽管如此，保加利亚出口对中国的互补性一直高于中国出口对保加利亚的互补性，表明保加利亚产品与中国市场需求的匹配程度更高，但受疫情影响并未保持住疫情前的增长势头；（3）中保两国贸易互补性差距逐年缩小，这主要得益于中国对保加利亚互补性的增强，结合前述二元边际分析，保加利亚应继续加大在中国开拓新市场的力度，同时进一步提高市场深度，以促进未来双边贸易的发展。

三、恒定市场份额分析（CMSA）

依据前述方法计算而得的2013—2021年中国产品在保加利亚进口市场的CMSA逐年分解结果如表7.6所示。

表7.6　2013—2021年中国产品在保加利亚进口市场的CMSA逐年分解

视角	效应	2013年	2014年	2015年	2016年	2017年	2018年	2019年	2020年	2021年	年均
绝对量（0.1%）	新品竞争	0.55	0.22	0.34	0.96	0.45	0.39	0.27	0.48	0.22	0.43
	结构效应	54.99	2.16	3.40	2.37	-2.01	2.30	1.92	5.00	1.11	7.92
	老品竞争	-55.60	0.95	-0.17	-0.18	-1.53	1.67	1.89	0.28	1.87	-5.65
	总效应	-0.06	3.33	3.56	3.15	-3.09	4.36	4.09	5.75	3.21	2.70
增长率（%）	新品竞争	1.85	0.73	1.01	2.61	1.13	1.06	0.66	1.06	0.44	1.17
	结构效应	184.80	7.29	10.29	6.49	-5.05	6.29	4.69	11.08	2.19	25.34
	老品竞争	-186.90	3.21	-0.51	-0.50	-3.85	4.55	4.62	0.61	3.68	-19.45
	总效应	-0.21	11.23	10.79	8.61	-7.77	11.89	9.97	12.75	6.31	7.06

注：年均为前9年效应的简单平均数。

数据来源：作者根据UN-Comtrade数据计算而得。

从表7.6中可以看出：（1）从总的效应看，2013—2021年中国产品在保加利亚的市场份额除2013年和2017年之外都在增加，特别是2020年市场份额扩张近0.6%，较上年同期增长13%，表明中国产品在保加利亚市场的总体竞争力在不断提升；（2）从三种效应对综合竞争力的贡献看，来自结构效应的贡献最大，且在绝大多数年份结构效应都是正数，这表明在此期间中国出口保加利亚的产品多数年份非常适应保加利亚进口市场需求的变化，大部分产品都集中在保加利亚进口增长较快的细分市场上，因而可以大幅拉动市场份额的增长，以2020年为例，结构效应对市场份额的贡献接近90%；（3）新品竞争力对总体市场份额的增长平均每年增加0.04%，表明中国每年都有新产品进入保加利亚市场，特别是2020年对市场份额的增长贡献接近10%，估计是受新冠肺炎疫情的影响，中国又有较多新产品打开了保加利亚市场；

（4）考察期间老品竞争力效应出现明显的正负变化，以 2018 年为分界线，2013—2017 年老品竞争力（除 2014 年外）基本逐年下降，此后则呈逐年上升趋势，因此，2018—2021 年中国产品在保加利亚市场份额的增加逐步趋于由老品竞争力效应主导，如 2021 年老品竞争力对市场份额的增长贡献接近 60%，表明后期中国大多数产品在原有细分市场的竞争力都在一定程度上得到了提高。

同理，根据我们的分类和分期方法计算而得的 2013—2021 年保加利亚产品在中国进口市场的 CMSA 逐年分解结果如表 7.7 所示。

表 7.7　2013—2021 年保加利亚产品在中国进口市场的 CMSA 逐年分解

视角	效应	2013 年	2014 年	2015 年	2016 年	2017 年	2018 年	2019 年	2020 年	2021 年	年均
绝对量（0.01%）	新品竞争	0.03	0.09	0.09	0.05	0.04	0.06	0.05	0.12	0.05	0.07
	结构效应	−0.51	0.25	0.18	0.06	−0.16	0.20	−0.30	1.13	−0.18	0.07
	老品竞争	0.77	−0.22	−0.84	−0.86	1.67	−0.14	0.47	−0.23	0.20	0.09
	总效应	0.29	0.12	−0.57	−0.74	1.54	0.12	0.23	1.03	0.07	0.23
增长率（%）	新品竞争	0.65	1.80	1.85	1.18	0.95	1.14	0.99	2.20	0.83	1.29
	结构效应	−11.04	5.04	3.56	1.44	−4.34	3.74	−5.54	20.15	−2.70	1.14
	老品竞争	16.57	−4.38	−16.77	−19.21	44.83	−2.65	8.75	−4.03	2.97	2.90
	总效应	6.18	2.45	−11.37	−16.59	41.45	2.22	4.20	18.32	1.10	5.33

注：年均为前 9 年效应的简单平均数。

数据来源：作者根据 UN-Comtrade 数据计算而得。

从表 7.7 中可以看出：（1）从总的效应看，2013—2021 年多数时间保加利亚产品在中国进口市场的总市场份额得到了增加，虽然增加的绝对幅度并不大，但相对增长幅度确实比较大，总效应每年平均较上年同期增长 5.3%，经过 9 年的增长市场份额增长了 40%，这一点从二元边际分析中也可以看出来；（2）从绝对量来看，平均而言，三种效应对总市场份额增加的贡献不分伯仲，其中来自老品竞争力不断提升的影响更为显著，但逐年考察其效应时，老品竞争力效应存在较大正负波动，对市场份额的贡献并不稳定，且多数年份老品竞争力下降，阻碍了保加利亚产品在中国市场份额的获得，这一点同中国产品在保加利亚市场的表现是不一样的，说明两者进入对方市场的模式或市场渠道不一样，中国产品在保加利亚市场份额的增加主要凭借更为合理的产品结构；（3）保加利亚产品在中国市场的结构效应在此期间多数年份是正数，表明保加利亚产品在中国市场的结构较为合理，产品结构的变化能够在一定程度上满足中国进口需求结构的变化，特别是2020年结构效应曾成功扭转了市场份额下降的趋势，有力拉动市场份额较上年同期增长18.3%，表明当年多数产品分布在中国进口增长比较快的细分市场，较好地适应了中国进口需求的变化。

第四节　本章小结

通过上述对中保双边货物贸易结构和绩效进行分析，我们可以看到中保两国近十年来双边贸易增长迅速，均超过同期各自对世界的贸易增速，双边贸易发展趋势良好。尽管双边贸易不平衡问题依然存在，但中国对保加利亚的贸易平衡度已有所改善，即中国对保加利亚出口额与进口额之比2016年以来趋于下降。用联合国贸易统计数据库的所有三大类货物贸易分类方法：经济大类（BEC）、国际贸易标准分类（SITC）和海关编码分类（HS）分析双边贸易结构发现，中保双边贸易互补性较强，但保加利亚出口对中国的互补性高于中国出口对保加利亚的互补性，中国对保加利亚出口以资本技术密集型产品为主，而保加利亚对中国出口则以劳动密集型产品为主，双方在彼此市场出口产品类别上存在较大的差异性，机电仪器和交通工具类产品是中国对保出口居第一位的品种，而保加利亚对华出口中化矿金属类产品则占据主导地位。通过二元边际分析发现，中国产品在保加利亚进口市场份额的获得依靠同时提高市场广度和加大深度来完成，而保加利亚在中国市场份额的获取主要靠提高广度来完成，这一点通过恒定市场份额分析（CMSA）的结论也得到了验证，中国在保加利亚市场份额的增长主要来自结构效应的贡献，即中国出口的大部分产品都集中在保加利亚进口增长较快的细分市场上，而保加利亚在中国市场份额的波动则主要受原有出口产品竞争力变化的影响。在中国—中东欧合作框架的引领下，双边合作越来越紧密，2018 年首个中国—中东欧国家农业合作示范区在保加利亚索菲亚揭牌，园区内逐步形成“贸易反哺农业种植，农业种植稳固贸易发展”的模式，示范区的引领示范作用初步显现，2021 年保加利亚对华出口中农食产品已成为第二大类商品，占比超过 14%。

第八章

中国—克罗地亚双边贸易结构与绩效分析

第一节　双边贸易概况

克罗地亚位于欧洲东南部、巴尔干半岛西北部，东邻塞尔维亚、波黑，南接黑山，北靠匈牙利，西北与斯洛文尼亚相邻，南与西南濒临亚得里亚海，与意大利隔海相望，地理位置优越，是进入中欧和东南欧地区的门户。克罗地亚2009年4月加入北约，2013年7月加入欧盟，是西巴尔干地区经济较为发达的国家。政局相对稳定，经济基础良好，金融体系较稳定，港口设施较完善，公路路网密集，陆路运输快捷，铁路与水运较为便利①。2023年1月1日，克罗地亚正式加入欧元区和申根区，加入欧元区是克罗地亚融入欧洲一体化努力的重大进展，意味着克罗地亚与欧洲核心区经济的融合将进一步深化。加入欧元区后，克罗地亚在欧洲中央银行管理委员会中将获得一席之地，从而消除汇率风险，降低货币兑换的交易成本，有助于克罗地亚经济的可持续发展②。

2020年以来，中国与克罗地亚积极开展经济合作，共克严峻疫情和地震

① 商务部国际贸易经济合作研究院、中国驻克罗地亚大使馆经济商务处、商务部对外投资和经济合作司：《对外投资合作国别（地区）指南——克罗地亚》（2021版）。

② 孔田平：《加入欧元区和申根区，克罗地亚“回归欧洲”》，《世界知识》，2023年第3期。

灾害影响，在多方面取得进展。但双边货物贸易发展极大地落后于其他中东欧国家，2012—2021 年中国在克罗地亚的贸易伙伴国地位从第 7 位下降到了第 12 位，位于美国之后。克罗地亚同中国贸易总额的占比从 4. 62%下降到了 2. 38%，同期，克罗地亚双边贸易向中东欧地区更加集中，前十大贸易伙伴中，中东欧国家贸易总额占比从 19. 4%上升到了 31. 4%①，中国产品在克罗地亚的市场份额从 7. 14%下降到了 3. 60%，在贸易伙伴国地位上进一步加大了与德国的差距。

从中国的视角看，2012 年双边贸易总额为 13. 7 亿美元，到 2021 年双边贸易总额达到了 23. 2 亿美元，2012—2021 年年均增速为 5. 97%。从克罗地亚的视角看，2012 年双边贸易总额为 15. 3 亿美元，到 2021 年双边贸易总额降至 13. 2 亿美元，由于统计方法的问题，2012—2021 年双边贸易呈负增长。这一期间中国在全球的贸易总额年均增速为 5. 09%，克罗地亚在全球的贸易总额年均增速为 5. 89%，从克罗地亚视角来看，双边贸易发展水平远远落后于其对全球贸易的平均水平，中国—中东欧合作机制对双边经贸关系的促进作用并不明显。

2012—2021 年中国—克罗地亚双边贸易发展趋势可以用双边货物贸易指数及货物贸易平衡度来表示，如图 8. 1 所示。

从图 8. 1 中可以看出：（1）2012—2021 年中国进口克罗地亚的贸易指数呈现先上升后下降的“倒 U 型”变化趋势，2018 年进口指数达到最大值 284. 5，即 2018 年从克罗地亚进口总额为 2012 年的 3 倍左右，这主要是由机械器具、电机电气设备和木制品进口大幅上升带来的，以上三类产品 2018 年进口总额分别为 2012 年的 12 倍、5 倍和 4 倍，随后受疫情影响 2019—2020 年进口指数回落，但 2021 年突然出现加速上升态势，这主要是由木制品进口

---

① 2012 年克罗地亚前十大贸易伙伴中中东欧国家占据四席，分别是波黑（6. 9%）、斯洛文尼亚（6. 9%）、匈牙利（2. 9%）和塞尔维亚（2. 7%），2021 年前十大贸易伙伴中的中东欧国家已经达到五国，分别为斯洛文尼亚（10. 9%）、匈牙利（7. 7%）、波黑（5. 6%）、塞尔维亚（3. 9%）和波兰（3. 3%）。

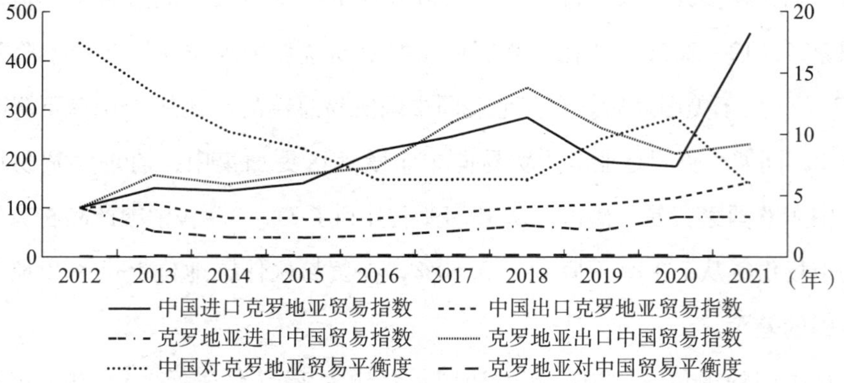

图 8.1　中国—克罗地亚双边货物贸易指数及平衡度（%）

注：1. 进出口贸易指数均以 2012 年为基年（2012 年指数=100）；

2. 贸易平衡度等于出口额与进口额的比值；

3. 贸易平衡度指标采用右侧坐标，其余 4 条线均为左侧坐标。

数据来源：作者根据 UN-Comtrade 数据计算而得。

的快速增长带来的①，同期，中国出口贸易指数除 2014—2017 年外其他年份均保持平稳增长；（2）克罗地亚进口（出口）中国贸易指数与中国出口（进口）克罗地亚贸易指数变化趋势一致，克罗地亚出口中国贸易指数在 2018 年后呈现下降趋势，这主要是由于机械器具、光学与医疗仪器等出口的大幅下降，以上产品 2019 年出口较上年同期分别下降 79.7%、63.0%和 12.8%，同时，克罗地亚对华出口增长趋势明显高于对华进口增长趋势，在一定程度上反映了对华市场的依赖明显高于对华产品的依赖；（3）从贸易平衡度来看，中国对克罗地亚出口额是进口额的 6~17 倍，这一数字在克罗地亚一方看来却是高达 6~32 倍（克罗地亚对华进口额比出口额），这一方面表明中克双边货物贸易存在巨大的不平衡，中国长期保持了巨大的贸易顺差，另一方面也表明由于统计方法的问题，在中国看来大的贸易顺差会变成在克罗地亚看来巨大的贸易逆差，进一步加剧了克罗地亚对双边贸易不平衡问题的不满。

① 2021 年木制品（HS44 章）进口较上年同期增长 89.2%，另外，可可制品（HS18 章）和杂项食品（HS21 章）进口较上年分别增长 59 倍和 14 倍，但因其进口的总规模并不大，因此，对于进口增长率贡献有限。

第二节　双边出口贸易结构

一、经济大类视角下的出口结构变化趋势

中国—克罗地亚双边货物出口贸易结构变化如表 8. 1 所示。

表 8.1　中国—克罗地亚双边货物出口贸易结构（按经济大类）　单位:%

产品类别 \ 贸易伙伴 / 年份	中国出口克罗地亚产品		克罗地亚出口中国产品	
	2012 年	2021 年	2012 年	2021 年
消费品占比	56. 87	29. 98	28. 99	6. 06
中间品占比	33. 14	44. 97	62. 89	71. 73
资本品占比	9. 82	24. 09	8. 08	22. 20
广泛用途占比	0. 17	1. 17	0. 04	0. 02

数据来源：作者根据 UN-Comtrade 数据计算而得。

从表 8. 1 中可以看出：（1）相较于 2012 年，2021 年中国出口克罗地亚的中间品和资本品份额表现为明显的上升趋势，消费品占比则显著下降，表明中国中间品在克罗地亚进口市场的比较优势大幅提升，这在一定程度上反映了克罗地亚产业链与中国关联度进一步深化；（2）同期，克罗地亚出口中国产品结构表现出和中国结构类似的变化，其中间品和资本品比重均显著提升，特别是中间品占比已超过 70%，表明其中间品和资本品在中国市场的竞争力得到了较大程度的提升，但消费品的相对比较优势则有所下降；（3）中克双边贸易结构显著优化（或者说消费品贸易占比下降），双边产业关联的深化更多地表现为克罗地亚生产体系对中国中间品的依赖不断强化。

二、产品要素属性视角下的出口结构变化趋势

中国（克罗地亚）出口到克罗地亚（中国）的产品结构如表 8. 2 所示。

表 8.2　中国—克罗地亚双边货物出口贸易结构（按要素门类）　单位:%

贸易伙伴 / 产品类别 \ 年份	中国出口克罗地亚产品		克罗地亚出口中国产品	
	2012 年	2021 年	2012 年	2021 年
资源密集型产品占比	3. 23	1. 55	34. 22	53. 90
劳动密集型产品占比	67. 51	48. 05	48. 90	19. 28
资本技术密集型产品占比	29. 26	50. 40	16. 87	26. 82

数据来源：作者根据 UN-Comtrade 数据计算而得。

从表 8. 2 中可以看出：（1）2012 年中国出口克罗地亚产品中资源密集型产品占比非常低，且 2021 年该比率略有下降，劳动密集型产品占比呈下降趋势，资本技术密集型产品比重则显著上升，达到 50. 4%，这表明中国出口克罗地亚的产品结构明显优化，高附加值出口产品比重大幅提升；（2）克罗地亚出口中国产品结构变化趋势和中国的情况存在显著差异，其资源密集型产品出口比重大幅提升至 53. 9%，同时资本技术密集型产品出口上升 10 个百分点，出口结构出现一定程度的优化；（3）同中国出口结构相比，克罗地亚出口中国产品中资源密集型产品占比比较高，在一定程度上说明了克罗地亚的资源密集型产品同中国相比竞争力比较强。

三、产业视角下的出口结构变化趋势

此处，以中克双边出口七大类产品（HS2 级编码分类）的结构变化来展现出口结构在行业层面的主要特征，如表 8. 3 所示。

表 8. 3　中国—克罗地亚双边货物出口产品结构　单位:%

产品类别 / 贸易伙伴 \ 年份		农食产品占比	机电仪器和交通工具占比	化矿金属占比	纺织鞋帽占比	橡塑皮革占比	玩具钟表占比	木材纸张非金属占比
中国出口克罗地亚	2012 年	2. 54	20. 17	13. 39	42. 46	9. 86	6. 53	5. 05
	2021 年	1. 02	44. 77	19. 75	10. 73	5. 60	13. 20	4. 35
克罗地亚出口中国	2012 年	3. 06	11. 72	17. 16	1. 43	37. 86	10. 04	18. 72
	2021 年	4. 89	29. 61	11. 74	3. 60	3. 57	0. 15	46. 43

数据来源：作者根据 UN-Comtrade 数据计算而得。

从表 8. 3 中可以看出：（1）相较于 2012 年，2021 年中国出口克罗地亚的第一大类产品（纺织鞋帽类）相对比较优势明显弱化，其所占比重下降超过 30 个百分点，玩具钟表类（HS71 章、HS94~97 章）取代纺织鞋帽类（HS50~67 章）成为中国出口的第三大类产品，同时，前三大出口产品集中度提高，且中国出口克罗地亚的产品向机电仪器和交通工具类产品进一步集中，表明其相对比较优势明显得到强化；（2）克罗地亚出口中国的第一大类产品（橡塑皮革类，HS39~43 章）相对比较优势出现比较明显的弱化，木材纸张非金属类产品占比大幅提升至 46. 43%，已取代橡塑皮革成为对华出口第一大类产品，与此同时，机电仪器和交通工具类（HS84~93 章）相对比较优势则得到了明显的强化，成为对华出口第二大类贸易品；（3）双方在彼此市场出口产品类别有较大的差异，机电仪器和交通工具类产品是中国对克罗地亚出口占比最大的品种，同时也是克罗地亚对华出口第二大类产品，表明双边在上述产业间的关联相对比较密切。

第三节　双边贸易绩效分析

一、市场绩效的二元边际分析

中国（克罗地亚）出口产品在克罗地亚（中国）进口市场的二元边际如表 8. 4 所示。

表 8. 4　2012—2021 年中克出口产品在彼此市场的二元边际　　单位：%

贸易伙伴 \ 二元边际指标 \ 年份		2012 年	2013 年	2014 年	2015 年	2016 年	2017 年	2018 年	2019 年	2020 年	2021 年
克罗地亚产品在中国市场	广度	24. 84	28. 54	27. 58	32. 99	31. 48	34. 60	31. 57	31. 67	39. 70	32. 55
	深度	0. 016	0. 019	0. 019	0. 020	0. 032	0. 029	0. 031	0. 022	0. 017	0. 039
	份额	0. 004	0. 005	0. 005	0. 007	0. 010	0. 010	0. 010	0. 007	0. 007	0. 013
中国产品在克罗地亚市场	广度	67. 49	57. 16	55. 94	56. 31	62. 23	60. 36	60. 81	60. 25	66. 88	63. 06
	深度	10. 58	6. 14	4. 60	4. 99	4. 75	5. 26	5. 57	4. 77	6. 95	5. 71
	份额	7. 14	3. 51	2. 57	2. 81	2. 96	3. 17	3. 39	2. 87	4. 65	3. 60

数据来源：作者根据 UN-Comtrade 数据计算而得。

从表 8.4 中可以看出：（1）2012—2021 年克罗地亚产品在中国进口市场取得了较大的绩效，克罗地亚产品在中国的市场份额从 0.004% 提高到了 0.013%，近乎翻了两番，但市场份额仍然微乎其微；同时中国产品在克罗地亚市场的份额从 7.14% 下降到了 3.6%，降幅达 49.6%；（2）中国产品在克罗地亚进口市场的广度和深度均有所下降，特别是在深度方面下降幅度较大，表明中国出口克罗地亚产品种类所占的市场份额呈下降趋势，即市场份额的下降主要是由市场深度减小带来的；（3）克罗地亚产品在中国进口市场的深度显著提升，但绝对值仍然很小，同时，市场广度上下波动中呈现上升趋势，在中国市场份额的获取主要依靠提高广度来完成，表明克罗地亚更多的产品越来越受到中国消费者的关注，而受限于当地企业的经营规模，市场深度很难进一步拓展。

二、双边贸易互补性分析

中国与克罗地亚双边贸易互补性结果如表 8.5 所示。

表 8.5　2012—2021 年中克贸易的互补性

贸易伙伴 \ 年份	2012 年	2013 年	2014 年	2015 年	2016 年	2017 年	2018 年	2019 年	2020 年	2021 年
中国出口对克罗地亚进口	0.535	0.534	0.561	0.572	0.583	0.587	0.592	0.587	0.590	0.581
克罗地亚出口对中国进口	0.505	0.527	0.534	0.534	0.532	0.541	0.539	0.530	0.539	0.558

数据来源：作者根据 UN-Comtrade 数据计算而得。

从表 8.5 中可以看出：（1）2012—2021 年中国对克罗地亚的贸易互补性小幅上升，2021 年达到 0.581，较 2012 年上升 8.6%，表明中国的产品供给能够较好地满足克罗地亚的需求；（2）同期，克罗地亚对中国的贸易互补性呈上升趋势，表明克罗地亚产品与中国市场需求的匹配程度近年来有所上升，这一变化或可归功于中国—中东欧合作框架下对中东欧商品推广力度的加大；（3）中克两国贸易互补性差距呈先扩大后缩小的“M 型”变化，结合前述二元边际分析，中国在克罗地亚市场的广度和深度同时下降，而克罗地亚在中国现有市场的深度极为有限，并不利于未来双边贸易的平衡发展。

三、恒定市场份额分析（CMSA）

依据前述方法计算而得的2013—2021年中国产品在克罗地亚进口市场的CMSA逐年分解结果如表8.6所示。

表8.6　2013—2021年中国产品在克罗地亚进口市场的CMSA逐年分解

视角	效应	2013年	2014年	2015年	2016年	2017年	2018年	2019年	2020年	2021年	年均
绝对量（0.1%）	新品竞争	0.59	0.62	1.28	0.30	0.72	0.60	0.36	7.55	0.21	1.36
	结构效应	7.07	-8.76	1.97	1.00	4.48	-0.88	-5.96	2.71	-12.10	-1.16
	老品竞争	-43.97	-1.25	-0.85	0.16	-3.04	2.43	0.44	7.52	1.40	-4.13
	总效应	-36.32	-9.39	2.40	1.46	2.16	2.15	-5.16	17.78	-10.50	-3.94
增长率（%）	新品竞争	0.83	1.77	4.98	1.08	2.44	1.89	1.06	26.30	0.44	4.53
	结构效应	9.90	-24.95	7.68	3.57	15.16	-2.78	-17.61	9.45	-26.02	-2.84
	老品竞争	-61.58	-3.58	-3.32	0.55	-10.29	7.66	1.30	26.19	3.00	-4.45
	总效应	-50.85	-26.76	9.34	5.21	7.31	6.77	-15.24	61.93	-22.58	-2.76

注：年均为前9年效应的简单平均数。

数据来源：作者根据UN-Comtrade数据计算而得。

从表8.6中可以看出：（1）从总的效应看，2013—2021年中国产品在克罗地亚的市场份额平均每年下降0.4%，表明中国产品在克罗地亚市场的总体竞争力在不断下降，但值得一提的是，2020年市场份额扩张近2%，较上年同期增长超过60%，这可能是受新冠肺炎疫情的影响，中国有较多新产品打开了克罗地亚市场；（2）从三种效应对综合竞争力的影响看，老品竞争力效应对市场份额的抑制作用最大，尽管多数年份老品竞争力效应都是正数，但绝对量变化远小于其余年份的负数，每年平均对市场份额总效应的向下拉动超过0.4%，严重阻碍了中国产品在克罗地亚市场份额的增长，表明中国产品在原有细分市场的竞争力有所下降；（3）新品竞争力对总体市场份额的增长达到了平均每年增加0.14%的水平，表明中国每年都有新产品进入克罗地亚市场，特别是2020年对市场份额的增长贡献超过了42%，结合二元边际的分析，可以看出新品竞争力的贡献和二元边际中广度的变化基本一致；（4）结构效应多数年份是正数，但因其余年份的负效应远超正数，使得考察期间结构效应每年平均向下拉动市场份额约0.12%，特别是2021年其负效应导致当年市场份额下降1.2%，即中国出口克罗地亚的产品并不能很好地适应克罗地亚进口市场的增长，大部分产品都集中在克罗地亚进口增长缓慢甚至下降的细分市场上。

同理，根据我们的分类和分期方法计算而得的2013—2021年克罗地亚产品在中国进口市场的CMSA逐年分解结果如表8.7所示。

表8.7　2013—2021年克罗地亚产品在中国进口市场的CMSA逐年分解

视角	效应	2013年	2014年	2015年	2016年	2017年	2018年	2019年	2020年	2021年	年均
绝对量（0.01%）	新品竞争	0.12	0.01	0.03	0.39	0.05	0.019	0.04	0.02	0.67	0.15
	结构效应	-0.02	0.03	0.02	0.02	0.50	-0.042	-0.06	0.10	-0.04	0.06
	老品竞争	0.03	-0.07	0.11	-0.06	-0.58	0.023	-0.27	-0.15	-0.02	-0.11
	总效应	0.12	-0.02	0.15	0.35	-0.02	0.001	-0.30	-0.03	0.60	0.10
增长率（%）	新品竞争	28.23	2.26	5.46	58.63	5.09	1.96	3.69	2.33	100.4	23.12
	结构效应	-4.43	6.35	3.39	3.28	49.22	-4.23	-6.53	14.35	-6.47	6.10
	老品竞争	6.66	-12.52	20.69	-9.16	-56.65	2.34	-26.98	-21.33	-3.48	-11.16
	总效应	30.47	-3.91	29.55	52.75	-2.33	0.06	-29.83	-4.65	90.46	18.06

注：年均为前9年效应的简单平均数。

数据来源：作者根据UN-Comtrade数据计算而得。

从表8.7中可以看出：（1）从总的效应看，2013—2021年多数年份克罗地亚产品在中国进口市场的总市场份额均有所提高，尽管增加的绝对幅度并不大，但相对增长幅度确实比较可观，总效应每年平均较上年同期增长18.1%，经过9年的增长市场份额与初期相比增长超过两倍，这一点从二元边际分析中也可以看出来；（2）无论从绝对量还是从增长率视角来看，总市场份额的增加主要贡献来自新产品的不断进入和出口结构的不断优化，特别是2021年新产品竞争力效应成功扭转了市场份额下降的趋势，有力拉动市场份额较上年同期增长 90.5%，表明当年克罗地亚有较多新产品打开了中国市场，克罗地亚产品在中国市场的结构效应在此期间多数年份是正数，表明克罗地亚产品在中国市场的结构较为合理，产品结构的变化基本符合中国进口需求结构的变化；（3）老品竞争力效应多数年份是负数，这在一定程度上阻碍了克罗地亚产品在中国市场份额的获得，表明多数年份克罗地亚产品在原有细分市场的竞争力在一定程度上有所下降。

第四节 本章小结

通过上述对中克双边货物贸易结构和绩效进行分析，我们可以看到中克两国双边货物贸易发展极大地落后于其他中东欧国家，近十年来中国在克罗地亚的贸易伙伴国地位也有所下降，而克罗地亚的货物贸易则向中东欧其他国家集中。双边贸易不平衡问题依然存在，尽管从中国视角来看，中国对克罗地亚的贸易平衡度已大幅改善，但从克罗地亚视角出发贸易不平衡问题依然突出。用联合国贸易统计数据库的所有三大类货物贸易分类方法：经济大类（BEC）、国际贸易标准分类（SITC）和海关编码分类（HS）分析双边贸易结构发现，中克双边贸易互补性较强，中国对克罗地亚出口以资本技术密集型和劳动密集型产品为主，而克罗地亚对中国出口则以资源密集型产品为主，双方在彼此市场出口产品类别上存在较大的差异性，机电仪器和交通工具类产品是中国对克出口第一大类品种，而克罗地亚对华出口中木材纸张非金属类产品占据主导地位。

通过二元边际分析发现，中国产品在克罗地亚进口市场的广度和深度均有所下降，特别是在深度方面降幅明显，同期克罗地亚产品在中国进口市场的广度和深度均显著提升，表明克罗地亚更多的产品越来越受到中国消费者的关注。这一点通过恒定市场份额分析（CMSA）的结论也得到了验证，克罗地亚在中国市场份额的增长主要来自结构效应的贡献，即克罗地亚产品在中国市场的结构较为合理，产品结构的变化基本符合中国进口需求结构的变化。中克两国在中国—中东欧合作、中欧全面战略伙伴关系等机制和框架下建立了紧密联系，中克共建“一带一路”合作卓有成效，2022 年 7 月中资企业承建的佩列沙茨大桥成功通车，被誉为“中克关系皇冠上最耀眼的明珠”，更是中、克、欧三方合作的典范。

第九章

中国—塞尔维亚双边贸易结构与绩效分析

第一节　双边贸易概况

塞尔维亚位于东南欧半岛中部，与克罗地亚、波黑、黑山、阿尔巴尼亚、北马其顿、保加利亚、罗马尼亚和匈牙利接壤。塞尔维亚耕地面积占国土面积的55%，森林面积占国土面积的29.1%，水力资源丰富。塞尔维亚主要矿产资源有褐煤、石油和天然气。塞尔维亚土地肥沃，雨水充足，农业生产条件良好，农业是其传统优势产业之一，也是其出口创汇的主要产业之一。汽车产业、通信和信息技术产业（ICT）、钢铁产业和采矿业也是其重要的经济部门①。

塞尔维亚是“中国—中东欧合作机制”和“一带一路”倡议沿线国家，双边经贸合作紧密，双边货物贸易发展迅速。2012—2021年中国在塞尔维亚的贸易伙伴国地位从第6位上升到了第2位，仅次于德国，是塞尔维亚的重要贸易伙伴。2021年塞尔维亚的前5大贸易伙伴分别为德国、中国、意大利、俄罗斯和波黑，塞尔维亚同中国的贸易总额的占比从4.66%提升到了8.60%。

近年来，中塞经贸合作渐入佳境，双边贸易快速增长。从中国的视角看，2012年双边贸易总额为5.14亿美元，到2021年双边贸易总额达到了32.27

① 商务部国际贸易经济合作研究院、中国驻塞尔维亚大使馆经济商务处、商务部对外投资和经济合作司：《对外投资合作国别（地区）指南——塞尔维亚》（2021版）。

亿美元，2012—2021 年年均增速高达 22.63%；从塞尔维亚的视角看，2012 年双边贸易总额为 14.05 亿美元，到 2021 年双边贸易总额达到了 51.03 亿美元，2012—2021 年年均增速高达 15.41%①；均远高于双边对全球的货物贸易水平，这一期间中国在全球的贸易总额年均增速为 5.09%，塞尔维亚在全球的贸易总额年均增速为 7.82%，双边贸易发展迅速得益于双边经济增长均快于全球平均水平而产生的贸易引致效应，但更主要的是得益于中国—中东欧合作机制带来的双边经贸关系的日益密切。从中东欧地区范围看，中塞贸易总额和出口增幅均居首位。

2012—2021 年中国—塞尔维亚双边贸易发展趋势可以用双边货物贸易指数及货物贸易平衡度来表示，如图 9.1 所示。

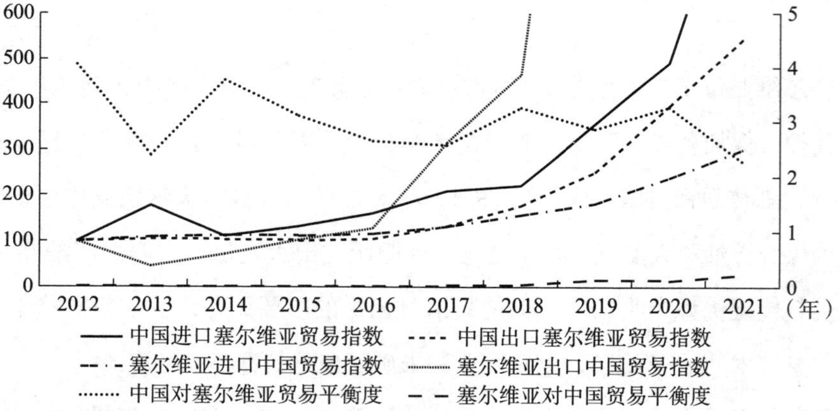

图 9.1　中国—塞尔维亚双边货物贸易指数及平衡度（%）

注：1. 进出口贸易指数均以 2012 年为基年（2012 年指数 = 100）；

2. 贸易平衡度等于出口额与进口额的比值；

3. 贸易平衡度指标采用右侧坐标，其余 4 条线均为左侧坐标。

数据来源：作者根据 UN-Comtrade 数据计算而得。

---

① 本书中的所有贸易数据在没有特别声明的情况下均来自联合国贸易统计数据库（UN-Comtrade）或根据该数据库整理计算而得。由于统计方法的不同贸易伙伴国双方看到的同年度双边贸易额一般是不相同的（进口额是到岸价，而出口额为离岸价，二者之间除了运输保险费和运费等中间费用的差距，按年计算的贸易统计时间也有误差：出口方的当年统计包含了该年度年底的出口，而这对于进口方而言，有可能就成了下一个年度的进口）。为了真实地反映双边贸易情况，在研究双边贸易时有必要分别从双边的视角来观察双边贸易。

从图 9.1 中可以看出：（1）2012—2021 年，中国进口塞尔维亚指数和出口塞尔维亚指数都稳步上升，特别是 2017 年以后增长更为迅速。可能与 2016 年和 2017 年中国与塞尔维亚签署了一系列经济技术合作协定有关。新冠肺炎疫情暴发后，中塞双方团结一致共同抗疫，也促进了双边贸易的稳定发展。（2）从塞尔维亚角度看，塞尔维亚出口中国贸易指数 2015 年之前低于进口中国贸易指数，此后迅速攀升，超过进口贸易指数，并与进口中国贸易指数拉开差距，表明塞尔维亚对中国出口增长速度快于进口。（3）从贸易平衡度来看，中国对塞尔维亚贸易整体表现为顺差，但是双边贸易平衡度在下降，用塞方统计数据看，2012 年塞尔维亚进口中国贸易额是出口中国的 70 倍，2013 年和 2014 年更是高达 165 倍和 110 倍，而 2021 年这一数字仅为 4.4 倍，可见塞尔维亚在与中方的贸易中获得感很高，双边贸易更趋于健康平衡发展。

第二节　双边出口贸易结构

一、经济大类视角下的出口结构变化趋势

中国—塞尔维亚双边货物出口贸易结构变化如表 9.1 所示。

表 9.1　中国—塞尔维亚双边货物出口贸易结构（按经济大类）　　单位：%

贸易伙伴 / 年份 / 产品类别	中国出口塞尔维亚产品			塞尔维亚出口中国产品		
	2012 年	2019 年	2021 年	2012 年	2019 年	2021 年
消费品占比	36.49	17.63	13.90	75.14	3.85	2.58
中间品占比	33.24	43.62	46.41	11.73	91.68	95.00
资本品占比	30.27	37.61	39.37	12.45	4.42	2.41
广泛用途占比	0	1.14	0.32	0.68	0.05	0

数据来源：作者根据 UN-Comtrade 数据计算而得。

从表 9.1 中可以看出：（1）2012 年中国出口塞尔维亚的产品结构中消费品、中间品和资本品基本各占据三分之一，到 2021 年消费品比重下降至

13.9%，中间品和资本品的比重上升，分别占46.41%和39.37%，表明中国中间品在塞尔维亚进口市场的比较优势得到了较大提升，在一定程度上反映了塞尔维亚企业对中国产品依赖程度有所上升，因此产业链与中国关联度进一步深化。中国企业在塞尔维亚投资增加也进一步拉动了塞尔维亚对中国中间品的市场需求。资本品出口比重的上升表明中国出口塞尔维亚贸易结构得到优化和升级。（2）同期，塞尔维亚出口中国的产品结构也出现了较大变化，2012年塞尔维亚出口中国产品主要是消费品，占比75.14%，经过几年的调整，2021年塞尔维亚出口中国的产品中占据最大份额的是中间品，占比达到95%，消费品的比重下降至2.58%，资本品仅占2.41%。表明十年来塞方的消费品和资本品相对于中国产品而言逐渐丧失竞争力，而作为半成品的中间品对中国的出口份额上升。中塞逐渐形成比较紧密的产业上下游关系。

二、产品要素属性视角下的出口结构变化趋势

中国（塞尔维亚）出口到塞尔维亚（中国）的产品结构如表9.2所示。

表9.2　中国—塞尔维亚双边货物出口贸易结构（按要素门类）　单位：%

贸易伙伴 / 产品类别 \ 年份	中国出口塞尔维亚产品			塞尔维亚出口中国产品		
	2012年	2019年	2021年	2012年	2019年	2021年
资源密集型产品占比	2.42	0.95	0.43	15.31	10.59	59.91
劳动密集型产品占比	45.34	31.92	30.97	69.89	82.39	35.39
资本技术密集型产品占比	52.24	67.13	68.60	14.80	7.02	4.69

数据来源：作者根据UN-Comtrade数据计算而得。

从表9.2中可以看出：（1）中国出口塞尔维亚产品中资源密集型产品占比非常低，2021年仅占中国出口塞尔维亚产品的0.43%；资本技术密集型产品占比为68.60%，劳动密集型产品占比排第二，为30.97%。十年来，中国出口塞尔维亚的资本技术密集型产品比重上升明显，劳动密集型产品比重下降，但仍是中国出口塞尔维亚的第二大类产品。表明中国在这两大类工业制成品上相对于塞尔维亚具有比较优势。（2）塞尔维亚出口中国产品主要集中在资源密集型产品上，2021年占比达到59.91%，这与塞尔维亚是一个资源丰

富的国家有关，其矿产资源和农业资源丰富，因此在这类产品上相对于中国具有比较优势。劳动密集型和资本技术密集型产品比重下降幅度较大，劳动密集型产品比重从 2012 年的 69. 89%下降至 2021 年的 35. 39%。资本技术密集型产品的比重下降得更为明显，2021 年仅占出口中国产品的 4. 69%。表明塞尔维亚的资本技术密集型产品相对于中国产品逐渐丧失比较优势。（3）从双方的出口贸易结构比较来看，双边出口贸易结构存在明显的互补性，塞方资源密集型产品相对于中方存在明显的比较优势，可以满足中方的相关需求，而中方物美价廉的劳动力密集型和资本技术密集型产品也正好弥补了塞方的市场短缺，双方的贸易更多地表现为产业间贸易。

三、产业视角下的出口结构变化趋势

本书用双边出口七大类产品（HS2 级编码分类）的结构变化，来替代在行业视角下双边出口结构的变化，如表 9. 3 所示。

表 9. 3　中国—塞尔维亚双边货物出口产品结构　　单位:%

贸易伙伴	年份＼产品类别	农食产品占比	机电仪器和交通工具占比	化矿金属占比	纺织鞋帽占比	橡塑皮革占比	玩具钟表占比	木材纸张非金属占比
中国出口塞尔维亚	2012 年	2. 37	47. 55	11. 73	19. 89	5. 61	7. 49	5. 36
	2021 年	0. 38	64. 34	18. 80	6. 36	4. 49	3. 20	2. 17
塞尔维亚出口中国	2012 年	10. 86	16. 03	2. 16	55. 79	4. 14	5. 46	5. 45
	2021 年	1. 49	3. 53	88. 46	0. 05	0. 67	0. 26	5. 55

数据来源：作者根据 UN-Comtrade 数据计算而得。

从表 9. 3 中可以看出：（1）相较于 2012 年，2021 年中方出口塞方的前三大类产品没有发生变化，依然是机电仪器和交通工具类、化矿金属类和纺织鞋帽类，但是比例发生了较大变化，机电仪器和交通工具类的比重上升，从 2012 年的 47. 55%上升至 2021 年的 64. 34%，成为对塞出口的占绝对主导的产品。纺织鞋帽类出口比例下降较为明显，从 2012 年的 19. 89%下降至 2021 年的 6. 36%，纺织鞋帽类属于劳动力密集型产品，结合前文分析，中国劳动力密集型产品对塞出口下降。化矿金属类出口比重略有上升。（2）与此同时，塞尔维亚对华出口结构则变化较大，出口前三大类产品从 2012 年的纺织鞋帽类（55.79%）、机电仪器和交通工具类（16.03%）、农食产品类（10.86%）变化为 2021 年的化矿金属类（88.46%）、木材纸张非金属类（5.55%）及机电仪器和交通工具类（3.53%），且化矿金属类和木材纸张非金属类等出口总和占据出口中国产品的 94.01%，表明塞尔维亚对中国出口的主要是资源类产品。（3）比较双边出口贸易产品类别发现双方在彼此市场上出口产品类别相似性较低，说明竞争性较低，互补性较高。塞尔维亚提供中方生产所需的木材纸张非金属类和初级制品，中方为塞方提供品类繁多的工业制成品，双方相互出口中间品，形成了较为稳定的产业链合作关系。

第三节　双边贸易绩效分析

一、市场绩效的二元边际分析

根据二元边际计算公式，采用 HS6 位编码计算得出的中国（塞尔维亚）出口产品在塞尔维亚（中国）进口市场的二元边际如表 9.4 所示。

表 9.4　2012—2021 年中塞出口产品在彼此市场的二元边际　单位：%

贸易伙伴 \ 二元边际指标 \ 年份		2012年	2013年	2014年	2015年	2016年	2017年	2018年	2019年	2020年	2021年
塞尔维亚产品在中国市场	广度	23.66	16.52	24.64	22.17	28.81	24.81	18.96	24.34	28.25	35.08
	深度	0.02	0.06	0.02	0.04	0.04	0.05	0.06	0.07	0.09	0.10
	份额	0.006	0.009	0.006	0.008	0.010	0.012	0.011	0.017	0.024	0.037
中国产品在塞尔维亚市场	广度	70.39	74.81	74.67	75.70	79.06	76.24	75.89	75.46	81.89	81.70
	深度	10.40	9.82	10.14	11.17	10.54	10.78	11.04	12.43	15.32	15.06
	份额	7.32	7.35	7.57	8.46	8.34	8.22	8.37	9.38	12.54	12.31

数据来源：作者根据 UN-Comtrade 数据计算而得。

从表 9.4 中可以看出：（1）2012—2021 年中国和塞尔维亚产品均在对方进口市场取得了较大的绩效，塞尔维亚产品在中国的市场份额从 0.006%提高到了 0.037%，增长了五倍；同时中国产品在塞尔维亚市场的份额从 7.32%提高到了 12.31%，增加了 68.17%。（2）中国产品在塞尔维亚进口市场的广度和深度均有所提高，分别比 2012 年提高 16.07%和 44.81%。特别是在深度方面提升幅度较大，表明在广度达到一定程度之后，市场份额的获得主要靠加大市场深度来完成。（3）塞尔维亚产品在中国进口市场的广度和深度也都有较大提高，2021 年广度边际比 2012 年提高了 48.27%，深度边际提高了 4 倍，表明在“一带一路”倡议和中国—中东欧合作机制的引领下塞尔维亚对中国出口实现了巨大飞跃，不仅在现有细分市场份额增大，而且有更多新增产品种类进入中国市场，市场份额得到较大提升。双边贸易得到稳定健康发展，各自对对方的贸易依存度都有所上升。

二、双边贸易互补性分析

采用海关国际通用编码（HS）两位码计算而得的中国对塞尔维亚贸易互补性，以及塞尔维亚对中国贸易互补性如表 9.5 所示。

表 9.5　2012—2021 年中塞贸易的互补性

贸易伙伴 \ 年份	2012 年	2013 年	2014 年	2015 年	2016 年	2017 年	2018 年	2019 年	2020 年	2021 年
中国出口对塞尔维亚进口	0.491	0.466	0.467	0.497	0.483	0.498	0.523	0.533	0.556	0.570
塞尔维亚出口对中国进口	0.467	0.465	0.465	0.474	0.502	0.511	0.514	0.526	0.551	0.552

数据来源：作者根据 UN-Comtrade 数据计算而得。

从表 9.5 中可以看出：（1）2012—2021 年中国对塞尔维亚的贸易互补性稳步上升，2021 年达到 0.57，较 2012 年上升 16.3%，表明中国的产品供给能够较好地满足塞尔维亚的需求，这在一定程度上解释了中国对塞尔维亚出口年均 20.68%的增长率；（2）同期，塞尔维亚对中国的贸易互补性也有所上升，2021 年为 0.552，较 2012 年上升 18.2%，表明塞尔维亚产品与中国市场需求的匹配度上升，使得塞尔维亚对中国的出口增长得很快，达到年均 53.67%；（3）通过对中塞双方的贸易互补性进行分析可知，中塞双边贸易互补性强，双方贸易实现了合作共赢，因此双方贸易合作潜力巨大，有利于未来双边贸易的平衡健康发展。

三、恒定市场份额分析（CMSA）

根据我们的分类和分期方法计算而得的2013—2021年中国产品在塞尔维亚进口市场的CMSA逐年分解结果如表9.6所示。

表9.6　2013—2021年中国产品在塞尔维亚进口市场的CMSA逐年分解

视角	效应	2013年	2014年	2015年	2016年	2017年	2018年	2019年	2020年	2021年	年均
绝对量（0.1%）	新品竞争	0.40	1.67	1.64	0.34	0.47	1.06	0.65	1.54	3.41	1.24
	结构效应	-1.75	0.91	7.27	0.74	-0.13	4.22	3.92	11.35	-3.22	2.59
	老品竞争	1.59	-0.28	-0.08	-2.30	-1.54	-3.69	5.51	18.74	-2.56	1.71
	总效应	0.25	2.30	8.83	-1.22	-1.20	1.59	10.07	31.63	-2.38	5.54
增长率（%）	新品竞争	0.54	2.27	2.16	0.40	0.56	1.29	0.77	1.64	2.72	1.37
	结构效应	-2.38	1.23	9.59	0.88	-0.16	5.14	4.67	12.10	-2.57	3.17
	老品竞争	2.18	-0.38	-0.10	-2.72	-1.85	-4.49	6.58	19.97	-2.04	1.90
	总效应	0.34	3.12	11.66	-1.45	-1.44	1.93	12.02	33.71	-1.90	6.45

注：年均为前9年效应的简单平均数。

数据来源：作者根据UN-Comtrade数据以及公式（1-6）计算而得。

从表9.6中可以看出：（1）从总的效应看，2013—2021年中国产品在塞尔维亚的市场份额年均增长0.55%，其中2020年增长幅度达到3.16%，表明中国产品在塞尔维亚市场的总体竞争力在不断提升；（2）从三种效应对综合竞争力的贡献看，来自结构效应的贡献最大，且在绝大多数年份结构效应都是正数，这表明在此期间中国出口塞尔维亚的产品多数年份非常适应塞尔维亚进口市场需求的变化，大部分产品都集中在塞尔维亚进口增长较快的细分市场上；（3）新品竞争力对总体市场份额的增长平均达到了每年增加0.12%的水平，表明中国每年都有新产品进入塞尔维亚市场；（4）老品竞争力对总体市场份额的增长平均达到了每年增加0.17%的水平，表明中国出口塞尔维亚产品市场竞争力在增强，在原有细分市场上份额扩大。这与之前的二元边际分析中中国出口产品增长既来自广度边际也来自深度边际扩张相符。

同理，根据公式以及我们的分类和分期方法计算而得的 2013—2021 年塞尔维亚产品在中国进口市场的 CMSA 逐年分解结果如表 9.7 所示。

表 9.7　2013—2021 年塞尔维亚产品在中国进口市场的 CMSA 逐年分解

视角	效应	2013 年	2014 年	2015 年	2016 年	2017 年	2018 年	2019 年	2020 年	2021 年	年均
绝对量（0.01%）	新品竞争	0.007	0.004	0.002	0.007	0.003	0.013	0.006	0.016	0.127	0.021
	结构效应	0.002	1.321	0.008	0.005	-0.011	-0.001	-0.003	0.028	-0.021	0.148
	老品竞争	0.028	-1.360	0.012	0.011	0.020	-0.022	0.066	0.024	0.020	-0.134
	总效应	0.004	-0.004	0.002	0.002	0.001	-0.001	0.007	0.007	0.013	0.035
增长率（%）	新品竞争	12.78	4.46	3.00	8.31	3.26	11.59	5.73	9.08	52.90	12.34
	结构效应	2.60	1429.96	14.06	6.41	-10.43	-0.80	-3.01	16.15	-8.82	160.68
	老品竞争	49.98	-1472.13	21.31	13.96	19.17	-19.36	62.57	13.57	8.34	-144.73
	总效应	65.36	-37.71	38.38	28.67	12.00	-8.56	65.29	38.80	52.42	28.29

注：年均为前 9 年效应的简单平均数。

数据来源：作者根据 UN-Comtrade 数据以及相关公式计算而得。

从表 9.7 中可以看出：（1）从总的效应看，2013—2021 年除了 2014 年和 2018 年外，绝大多数时间塞尔维亚产品在中国进口市场的总市场份额得到了增加，虽然增加的绝对幅度并不大，但相对增长幅度可观，年均增长 28.29%。（2）总市场份额的增加主要贡献来自结构效应的提升，平均贡献达 160.68%。从之前的产品结构分析可以看出，十年来塞尔维亚对中国出口产品的结构调整非常大，通过老产品的退出和新产品的进入，塞尔维亚出口产品结构与中国的需求非常匹配，市场份额不断扩大。新产品的进入也是塞尔维亚市场份额提升的重要来源，而老产品的竞争力效应则为负数，表明塞尔维亚原有的出口产品在中国市场上逐渐丧失竞争力，特别是资本技术密集型和劳动密集型产品。（3）从 CMSA 结构分解可以看出，近十年来塞尔维亚产品在中国增长迅速，且供给结构与中国的需求结构非常匹配，双边合作互补性强，显示出强大的发展潜力。

第四节　本章小结

通过上述对中塞双边货物贸易结构和绩效进行分析，我们可以看到中塞两国近十年来双边贸易增长较为迅速，超过同期中国和塞尔维亚分别对世界的贸易增速，表明双边贸易发展趋势良好，中塞双方正越来越成为各自的重要贸易伙伴。更为重要的是，双边贸易趋于平衡，塞尔维亚对中国的贸易逆差逐渐缩小。用联合国贸易统计数据库的所有三大类货物贸易分类方法：经济大类（BEC）、国际贸易标准分类（SITC）和海关编码分类（HS）分析双边贸易结构发现，中塞双边贸易互补性强，中国主要向塞尔维亚出口具有比较优势的劳动密集型产品和资本技术密集型产品，而塞尔维亚则主要向中国出口资源密集型产品。

通过二元边际分析发现，双边贸易增长主要来自深度边际，表明在“一带一路”倡议和中国—中东欧合作框架的引领下，双边合作越来越紧密，越来越多的新产品进入各自的市场，在广度达到一定程度以后，市场份额的获得主要靠加大市场深度来完成。通过恒定市场份额分析（CMSA）发现塞方对中国出口份额的增加主要来自结构效应和新品竞争力，其中结构效应非常大，表明塞尔维亚出口贸易结构非常符合中方的进口需求。而中方出口塞方产品无论是新品竞争力、老品竞争力还是结构效应都为正数，表明中方出口塞方产品结构合理，且竞争力提升。此研究结论有助于中塞双方更好地进行未来的经贸合作。

第十章

中国—希腊双边贸易结构与绩效分析

第一节　双边贸易概况

希腊位于欧洲巴尔干半岛最南端，北与保加利亚、北马其顿、阿尔巴尼亚相邻，东北与土耳其的欧洲部分接壤，西南濒爱奥尼亚海，东临爱琴海，南隔地中海与非洲大陆相望，地处欧亚非枢纽，区位优势显著，战略位置突出。中国和希腊作为东西方两个文明古国，双方交往历史悠久。1972 年建交以来，两国关系发展顺利，高层互访频繁，贸易、投资、海运、旅游等各领域合作不断加强。2019 年，中希实现元首互访，推动两国全面战略伙伴关系迈上新台阶，引领中希共建“一带一路”合作取得新突破。希腊于 2019 年正式成为中国—中东欧合作机制新成员。“一带一路”倡议和中国—中东欧合作为后疫情时代的中希经贸互利合作注入了新的强大动力①。

虽然希腊于 2019 年才正式加入中国—中东欧合作机制，为了全书结构的平衡和对比分析，本章还是比较 2012—2021 年中国与希腊的双边贸易结构与绩效变化，特别是重点观察 2019 年希腊加入合作机制前后，双边贸易的趋势变化，从而更直观地考察中国—中东欧合作机制在双边贸易中发挥的作用。

① 商务部国际贸易经济合作研究院、中国驻希腊大使馆经济商务处、商务部对外投资和经济合作司：《对外投资合作国别（地区）指南——希腊》（2021 版）。

2012—2021 年中国在希腊的贸易伙伴国地位从第 8 位上升到了第 3 位，仅次于德国和意大利。2021 年希腊同中国的贸易总额达到 67.7 亿美元，占比为 5.44%。

从中国的视角看，2012 年双边贸易总额为 40.2 亿美元，到 2021 年双边贸易总额达到了 121.5 亿美元，2012—2021 年年均增速高达 13.1%；从希腊的视角看，2012 年双边贸易总额为 34.3 亿美元，到 2021 年双边贸易总额达到了 67.7 亿美元，2012—2021 年年均增速也高达 7.8%；均远高于双边对全球的货物贸易水平，这一期间中国在全球的贸易总额年均增速为 5.09%，希腊在全球的贸易总额年均增速为 2.74%，双边贸易发展迅速得益于双边经济增长均快于全球平均水平而产生的贸易引致效应，但更主要的是得益于"一带一路"倡议和中国—中东欧合作机制带来的双边经贸关系的日益密切。

2012—2021 年中国—希腊双边贸易发展趋势可以用双边货物贸易指数及货物贸易平衡度来表示，如图 10.1 所示。

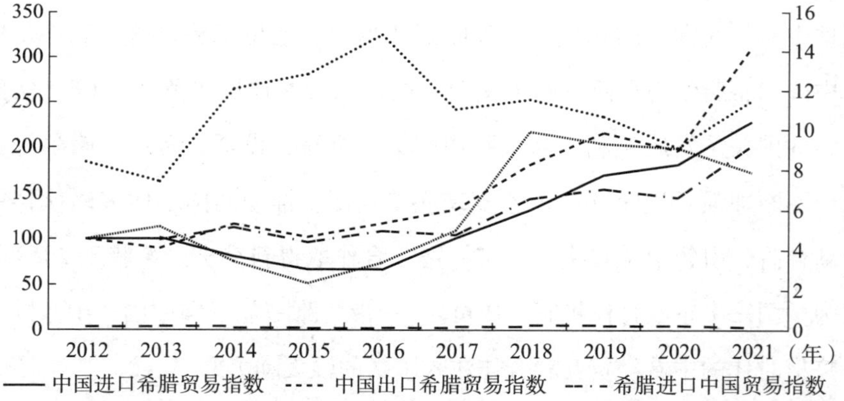

图 10.1 中国—希腊双边货物贸易指数及平衡度（%）

注：1. 进出口贸易指数均以 2012 年为基年（2012 年指数 = 100）；

2. 贸易平衡度等于出口额与进口额的比值；

3. 贸易平衡度指标采用右侧坐标，其余 4 条线均为左侧坐标。

数据来源：根据 UN-Comtrade 计算所得。

从图 10.1 中可以看出：（1）中国出口希腊贸易指数与中国进口希腊贸易

指数2012年以来一直处于平稳上升的态势，2019年后更是快速上升，虽然2020年受到新冠肺炎疫情的影响小幅下降，但是2021年随即大幅跃升，显示出两国贸易关系的稳定和韧性；（2）希腊进口中国贸易指数和出口中国贸易指数呈现交替上升的趋势，其中希腊进口中国贸易指数在2017年以前高于出口中国贸易指数，而在2017—2020年低于出口中国贸易指数，2021年则再次高于出口中国贸易指数，反映了这些年希腊产品在中国市场上的竞争力越来越强，对中国市场的依赖性也越来越高；（3）从贸易平衡度来看，2021年，中国对希腊出口额是进口额的约11.5倍，用希腊的统计数据看（希腊对华进口额比出口额）也在7倍左右，表明中希双边货物贸易存在一定的不平衡，中国长期保持了非常大幅度的贸易顺差，但中国对希腊的贸易平衡度自2017年以来已经渐渐有所改善，双边经贸关系更趋健康平稳。

第二节　双边出口贸易结构

一、经济大类视角下的出口结构变化趋势

中国—希腊双边货物出口贸易结构变化如表10.1所示。

表10.1　中国—希腊双边货物出口贸易结构（按经济大类）　单位:%

贸易伙伴 / 年份 / 产品类别	中国出口希腊产品			希腊出口中国产品		
	2012年	2019年	2021年	2012年	2019年	2021年
消费品占比	31.91	50.57	44.90	5.35	6.06	7.66
中间品占比	34.66	27.19	34.06	65.87	38.28	44.45
资本品占比	29.27	20.55	20.06	0.39	6.96	9.18
广泛用途占比	4.16	1.69	1.50	28.39	48.70	38.70

数据来源：作者根据UN-Comtrade数据计算所得。

从表10.1中可以看出：（1）2012—2021年中国出口希腊的消费品比重显著上升，表明希腊消费者对中国产品更为依赖，特别是疫情后，物美价廉的

中国消费品在希腊的竞争力上升。中国出口希腊的中间品占比变化不大，资本品比重和广泛用途产品比重有所下降。（2）同期，希腊出口中国产品结构存在与中国结构相比明显的差异，希腊出口中国产品主要分布在中间品和广泛用途商品上，消费品和资本品占比较低。但是与2012年相比，2021年希腊出口中国的中间品比重降幅较大，从65.87%下降到44.45%，而广泛用途商品和资本品的比重上升。表明希腊出口中国的产品更加多元化，中希两国的出口商品贸易结构互补性较强。

二、产品要素属性视角下的出口结构变化趋势

中国（希腊）出口到希腊（中国）的产品结构如表10.2所示。

表10.2　中国—希腊双边货物出口贸易结构（按要素门类）　单位：%

贸易伙伴 / 年份 / 产品类别	中国出口希腊产品分布			希腊出口中国产品分布		
	2012年	2019年	2021年	2012年	2019年	2021年
资源密集型产品占比	5.82	2.30	1.27	82.84	80.34	73.54
劳动密集型产品占比	43.24	65.76	61.27	7.43	2.76	4.25
资本技术密集型产品占比	50.94	31.94	37.46	9.73	16.90	22.21

数据来源：作者根据UN-Comtrade数据计算而得。

从表10.2中可以看出：（1）中国出口希腊产品中资源密集型产品占比非常低，几乎可以忽略不计。劳动密集型产品和资本技术密集型产品在2012年时几乎各占一半，而到2019年之后劳动密集型产品就超过中国出口希腊产品的六成了，资本技术密集型产品占比为30%~40%，可见中国产品在希腊更受欢迎的还是劳动密集型产品。（2）希腊出口中国产品的结构则与中国有很大不同，主要是出口资源密集型产品。希腊是资源丰富的国家，农业资源丰富，盛产橄榄油、葡萄酒等农副产品，资源密集型产品竞争力较强，占出口中国产品的80%左右。其次是资本技术密集型产品，近年来，希腊的资本技术密集型产品出口竞争力显著增强，占出口中国产品的比重从2012年的9.73%上升到2021年的22.21%。希腊出口中国的劳动密集型产品比重较低。

三、产业视角下的出口结构变化趋势

此处，以中希双边出口七大类产品（HS2 级编码分类）的结构变化来展现出口结构在行业层面的主要特征，如表 10. 3 所示。

表 10. 3　中国—希腊双边货物出口产品结构　单位：%

贸易伙伴 \ 年份 \ 产品类别		农食产品占比	机电仪器和交通工具占比	化矿金属占比	纺织鞋帽占比	橡塑皮革占比	玩具钟表占比	木材纸张非金属占比
中国出口希腊	2012 年	1. 68	49. 00	17. 52	14. 02	5. 15	8. 22	4. 41
	2021 年	0. 69	34. 79	9. 13	35. 29	5. 38	11. 25	3. 13
希腊出口中国	2012 年	4. 27	1. 06	63. 39	16. 21	5. 20	0. 13	3. 76
	2021 年	3. 24	13. 74	79. 07	0. 51	1. 14	0. 17	0. 78

数据来源：作者根据 UN-Comtrade 数据计算而得。

从表 10. 3 中可以看出：（1）2012—2021 年中国出口希腊的前三大产品的类别基本没有变化，主要集中在机电仪器和交通工具类、化矿金属类和纺织鞋帽类。其中机电仪器和交通工具类产品（HS84~93 章）比重下降，由 2012 年的占比第一（49%）下降到 2021 年的占比第二（34. 79%）。而纺织鞋帽类产品 2021 年成为出口希腊的第一大类产品，占比 35. 29%，化矿金属类产品的出口比例也比 2012 年有所下降，占比为 9. 13%，表明中国劳动密集型产品在希腊的竞争力增强。（2）希腊出口中国的产品类别则在十年间变化较大，其中化矿金属类（HS25~38 章、HS72~83 章）一直处于排名第一的位置，并且出口比重从 2012 年的 63. 39%上升至 2021 年的 79. 07%，表明希腊的出口产品集中度上升。十年间，希腊出口中国的纺织鞋帽类比重从 16. 21%下降至 0. 51%，表明希腊的纺织鞋帽类产品相对于中国已丧失比较优势。机电仪器和交通工具类的出口比重上升，成为希腊出口中国的第二大类别产品，表明希腊的资本技术密集型产品比较优势有所上升。农食产品仍是希腊出口中国的重要产品，2021 年占比排名第三。

第三节 双边贸易绩效分析

一、市场绩效的二元边际分析

根据第一章的研究方法，采用 HS6 位编码计算得出的中国（希腊）出口产品在希腊（中国）进口市场的二元边际如表 10.4 所示。

表 10.4 2012—2021 年中希出口产品在彼此市场的二元边际 单位:%

贸易伙伴 \ 二元边际指标 \ 年份		2012 年	2013 年	2014 年	2015 年	2016 年	2017 年	2018 年	2019 年	2020 年	2021 年
希腊产品在中国市场	广度	29.1	34.6	30.9	33.6	40.2	40.7	43.9	37.8	41.6	43.5
	深度	0.08	0.06	0.06	0.05	0.04	0.06	0.06	0.09	0.09	0.08
	份额	0.024	0.022	0.018	0.018	0.018	0.023	0.026	0.035	0.037	0.036
中国产品在希腊市场	广度	48.60	48.50	53.10	54.40	56.11	52.21	58.17	59.06	65.13	75.30
	深度	9.69	9.82	10.04	11.00	11.96	10.64	11.19	12.38	11.82	10.12
	份额	4.71	4.77	5.33	5.99	6.71	5.55	6.51	7.31	7.70	7.67

数据来源：作者根据 UN-Comtrade 数据计算而得。

从表 10.4 中可以看出：（1）2012—2021 年中国和希腊产品均在对方进口市场取得了巨大的绩效，希腊产品在中国的市场份额从 0.024% 提高到了 0.036%，提高了 50%，同时中国产品在希腊市场的份额从 4.71% 提高到了 7.67%，增加了 62.8%；（2）中国产品在希腊进口市场的广度和深度均有所提高，特别是在广度方面提升幅度较大，表明中国出口到希腊市场的产品种类增多，还有进一步提升的空间；（3）希腊产品在中国进口市场的份额获取也主要是依靠扩大出口产品的广度来完成，表明希腊产品更多地得到中国消费者的认可。这与希腊多次参加中国国际进口博览会，并担任第二届中国国际进口博览会主宾国分不开。中希两国在“一带一路”倡议和中国—中东欧合作机制框架的引领下积极互动，取得了良好成果。

二、双边贸易互补性分析

中国与希腊双边贸易互补性结果如表 10. 5 所示。

表 10. 5　2012—2021 年中希贸易的互补性

年份 贸易伙伴	2012 年	2013 年	2014 年	2015 年	2016 年	2017 年	2018 年	2019 年	2020 年	2021 年
中国出口对希腊进口	0. 411	0. 406	0. 423	0. 462	0. 487	0468	0. 478	0. 496	0. 503	0. 499
希腊出口对中国进口	0. 468	0. 439	0. 455	0. 434	0. 433	0. 445	0. 460	0. 485	0. 475	0. 479

数据来源：作者根据 UN-Comtrade 数据计算而得。

从表 10. 5 中可以看出：（1）2012—2021 年中国对希腊的贸易互补性稳步上升，2021 年达到 0. 499，较 2012 年上升 21. 4%，表明中国的产品供给能够较好地满足希腊的需求，这在一定程度上解释了中国对希腊出口年均 13. 4% 的增长率；（2）同期，希腊对中国的贸易互补性先降后升，总体变化不大，2021 年为 0. 479，与同期中国出口对希腊进口的互补性值近似。表明总体而言，中希两国的贸易结构互补性较强，双方在不同的产品类别上具有比较优势，可以充分发挥各自的比较优势以扩大贸易规模。

三、恒定市场份额分析（CMSA）

根据第一章的计算方法及我们的分类和分期方法计算而得的 2013—2021 年中国产品在希腊进口市场的 CMSA 逐年分解结果如表 10. 6 所示。

表 10. 6　2013—2021 年中国产品在希腊进口市场的 CMSA 逐年分解

视角	效应	2013 年	2014 年	2015 年	2016 年	2017 年	2018 年	2019 年	2020 年	2021 年	年均
绝对量（0. 1%）	新品竞争	0. 55	0. 29	0. 63	2. 98	0. 41	3. 83	0. 16	0. 26	0. 57	1. 08
	结构效应	-2. 030	3. 420	5. 740	1. 700	-8. 390	0. 930	1. 970	2. 160	-5. 460	0. 003
	老品竞争	2. 01	1. 92	0. 25	2. 54	-3. 61	4. 82	5. 86	1. 46	4. 57	2. 20
	总效应	0. 55	5. 64	6. 61	7. 22	-11. 6	9. 58	7. 99	3. 89	-0. 32	3. 28
增长率（%）	新品竞争	1. 20	0. 62	1. 18	4. 98	0. 61	6. 91	0. 25	0. 36	0. 75	1. 87
	结构效应	-4. 31	7. 17	10. 77	2. 84	-12. 5	1. 67	3. 02	2. 96	-7. 10	0. 50
	老品竞争	4. 26	4. 03	0. 46	4. 24	-5. 38	8. 68	9. 00	1. 99	5. 93	3. 69
	总效应	1. 16	11. 82	12. 41	12. 05	-17. 28	17. 26	12. 27	5. 31	-0. 42	6. 07

注：年均为前 9 年效应的简单平均数。

数据来源：作者根据 UN-Comtrade 数据以及相关公式计算而得。

从表 10.6 中可以看出：（1）从总的效应看，2013—2021 年中国产品在希腊的市场份额除 2017 年和 2021 年之外都在增加，表明中国产品在希腊市场的总体竞争力在不断提升。（2）从三种效应对综合竞争力的贡献看，来自老品竞争力的贡献最大，年均对市场份额的贡献为 67.04%，且在绝大多数年份其效应都是正数，这表明在此期间中国出口希腊的产品增长主要来自现有产品的竞争力提升和市场份额扩大。（3）新品竞争力对总体市场份额的增长平均贡献率达到了 32.87%，表明中国每年都有新产品进入希腊市场，特别是 2019 年对市场份额的增长贡献达到 73.25%，表明中国有较多新产品打开了希腊市场。结合二元边际的分析，可以看出新品竞争力的贡献和二元边际中广度的变化基本一致，不同的是广度同时考虑了新产品的进入和老产品的退出。（4）结构效应对中国产品出口希腊市场的贡献较小，但是多数年份结构效应为正数，表明在希腊进口产品细分市场中，中国产品多数分布在增长快的细分市场，因此即使是在细分市场的竞争力（细分市场份额）不变的情况下，总的市场份额也会（因结构合理而）提高。结构效应较小，表明中国出口希腊产品还有进一步优化的空间。

同理，根据第一章的计算方法及我们的分类和分期方法计算而得的 2013—2021 年希腊产品在中国进口市场的 CMSA 逐年分解结果如表 10.7 所示。

表 10.7　2013—2021 年希腊产品在中国进口市场的 CMSA 逐年分解

视角	效应	2013 年	2014 年	2015 年	2016 年	2017 年	2018 年	2019 年	2020 年	2021 年	年均
绝对量（0.1%）	新品竞争	0.015	0.010	0.003	0.011	0.003	0.006	0.008	0.03	0.005	0.009
	结构效应	−0.030	−0.030	0.006	0.009	0.012	−0.022	0.031	−0.030	−0.042	−0.010
	老品竞争	0.0002	−0.0280	−0.0150	−0.0120	0.0400	0.0500	0.0500	0.0300	0.0300	0.0150
	总效应	−0.0013	−0.005	−0.001	0.001	0.001	0.003	0.009	0.003	−0.001	0.014
增长率（%）	新品竞争	6.43	3.85	1.55	6.21	1.46	2.43	3.08	7.13	1.40	3.73
	结构效应	−11.97	−11.83	3.13	5.47	6.96	−9.49	11.76	−8.62	−11.34	−2.88
	老品竞争	0.07	−12.61	−8.33	−6.79	22.40	20.10	17.46	8.70	6.87	5.32
	总效应	−5.47	−20.59	−3.65	4.88	30.82	13.04	32.30	7.21	−3.06	6.16

注：年均为前 9 年效应的简单平均数。

数据来源：作者根据 UN-Comtrade 数据以及公式（1-6）计算而得。

从表 10.7 中可以看出：（1）从总的效应看，2013—2021 年多数时间希腊产品在中国进口市场的总市场份额得到了增加，虽然增加的绝对幅度并不大，但相对增长幅度确实比较可观，年均增长 6.16%，这一点从二元边际分析中也可以看出来；（2）总市场份额的增加主要贡献来自老产品竞争力的不断提升和新产品的不断进入，这一点同中国产品在希腊市场的表现类似，说明两者进入对方市场的模式或市场渠道相似，双边不断扩大市场开放，有利于贸易规模的扩大；（3）希腊产品在中国市场的结构效应在此期间多数年份是负数，均值也为负数，表明希腊产品在中国市场的结构不够合理，产品结构的变化跟不上中国进口需求结构的变化，多数产品分布在中国进口增长比较缓慢的细分市场，因此希腊应该在不断尝试将新产品打入中国市场的同时，更加注重及时调整自己的出口产品结构，以适应中国进口需求的变化，当然这可能是一个漫长的过程，出口结构的调整一方面受到已有市场渠道的限制，另一方面也受到国内产业结构的限制。

第四节　本章小结

通过上述对中希双边货物贸易结构和绩效进行分析，我们可以看到中希两国近十年来双边贸易增长迅速，超过同期各自对世界的贸易增速，表明双边贸易发展趋势良好。虽然存在一定的贸易不平衡问题，但是中国对希腊的贸易平衡度 2017 年以来已经渐渐有所改善，双边经贸关系更趋健康平稳。用联合国贸易统计数据库的所有三大类货物贸易分类方法：经济大类（BEC）、国际贸易标准分类（SITC）和海关编码分类（HS）分析双边贸易结构发现，中希双边贸易互补性强，中国主要向希腊出口具有比较优势的劳动密集型产品和资本技术密集型产品，而希腊则主要向中国出口资源密集型产品。

通过二元边际分析发现，双边贸易增长主要来自广度边际，表明在“一带一路”倡议和中国—中东欧合作框架的引领下，双边合作越来越紧密，越来越多的希腊产品进入中国市场，同时中国的更多产品也进入了希腊市场，双边贸易潜力巨大。通过恒定市场份额分析（CMSA）发现双边贸易结构效应还有待充分发挥。

第十一章

中国—波黑双边贸易结构与绩效分析

第一节　双边贸易概况

波黑位于东南欧巴尔干半岛中西部，东部和南部与塞尔维亚和黑山毗连，北部、西部和西南部与克罗地亚接壤，南部极少部分濒临亚德里亚海，海岸线长约 20 公里。北部称为波斯尼亚，南部称为黑塞哥维那。波黑地处中东欧腹地，被视为欧盟的“后花园”，经济发展潜力较大。波黑各类自然资源丰富。矿产资源主要有煤、铜、铝矾土等，其中煤炭资源储量巨大。波黑劳动力价格低廉，适宜承接纺织、服装、制鞋等劳动密集型产业，产品在满足本国市场需求的同时，可辐射中东欧及欧盟市场①。

2012 年中国—中东欧合作机制建立。2017 年，两国签署关于共同推进“一带一路”建设的经贸合作协议，以及关于共同推进“一带一路”建设的谅解备忘录。在中国—中东欧合作机制和“一带一路”倡议的引领下，中国—波黑双边经贸关系日益密切，双边货物贸易发展迅速。

2012—2021 年中国在波黑的贸易伙伴国地位从第 8 位上升到了第 7 位，位于奥地利之后，是波黑的重要贸易伙伴。2021 年波黑的前 7 大贸易伙伴分

① 商务部国际贸易经济合作研究院、中国驻波黑大使馆经济商务处、商务部对外投资和经济合作司：《对外投资合作国别（地区）指南——波黑》（2021 版）。

别为德国、塞尔维亚、意大利、克罗地亚、斯洛文尼亚、奥地利和中国，波黑同中国的贸易总额的占比从3.57%提升到了4.84%。

中波双边的贸易规模虽然较小，但是增幅可观。从中国的视角看，2012年双边贸易总额为7001.2万美元，到2021年双边贸易总额达到了2.75亿美元，2012—2021年年均增速高达16.4%；从波黑的视角看，2012年双边贸易总额为5.42亿美元，到2021年双边贸易总额达到了10.48亿美元，2012—2021年年均增速高达7.6%；均远高于双边对全球的货物贸易水平，这一期间中国在全球的贸易总额年均增速为5.09%，波黑在全球的贸易总额年均增速为4.02%，双边贸易发展迅速得益于双边经济增长均快于全球平均水平而产生的贸易引致效应，但更主要的是得益于中国—中东欧合作机制带来的双边经贸关系的日益密切。

2012—2021年中国—波黑双边贸易发展趋势可以用双边货物贸易指数及货物贸易平衡度来表示，如图11.1所示。

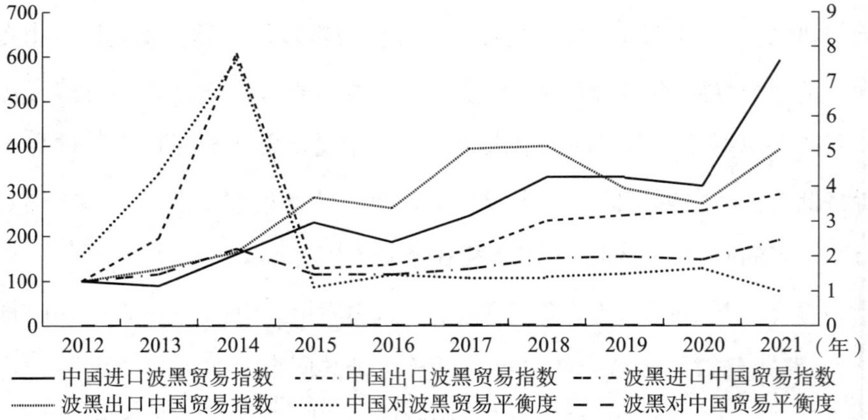

图11.1　中国—波黑双边货物贸易指数及平衡度（%）

注：1. 进出口贸易指数均以2012年为基年（2012年指数=100）；

2. 贸易平衡度等于出口额与进口额的比值；

3. 贸易平衡度指标采用右侧坐标，其余4条线均为左侧坐标。

数据来源：作者根据UN-Comtrade数据计算而得。

从图 11.1 中可以看出：（1）中国进口波黑的贸易指数一直呈现快速上升的趋势，说明中国—中东欧合作机制启动以来，波黑对中国的出口得到极大提升。与此同时，中国出口波黑的贸易指数在 2014 年有一个大幅跃升，之后就趋于平稳。（2）从波黑的角度看，波黑出口中国贸易指数上升得较快，而进口中国贸易指数则发展较为平稳，表明这一时期波黑对中国的贸易逆差减少，根据中方数据，2021 年波黑甚至实现了对中国的出口顺差。（3）从贸易平衡度来看，中国对波黑贸易整体表现为顺差，顺差额最大的年份是 2014 年，中国对波黑顺差高达 2.47 亿美元。但近年来随着波黑对中国出口贸易额的增加，双边贸易不平衡逐渐减少，2021 年中国对波黑贸易首次出现逆差，逆差金额为 86.2 万美元。

然而波方的贸易统计数据与中方存在较大差异，中国对波黑出口额是进口额的平均约 2.35 倍，而这一数字在波黑一方看来却平均高达 57.88 倍（波黑对华进口额比出口额），这表明由于统计方法的问题，在中国看来不大的贸易顺差甚至是贸易逆差，但在波方看来却是巨大的贸易逆差，从而加大了双边贸易的不平衡性。

第二节　双边出口贸易结构

一、经济大类视角下的出口结构变化趋势

中国—波黑双边货物出口贸易结构变化如表 11.1 所示。

表 11.1　中国—波黑双边货物出口贸易结构（按经济大类）　　单位：%

产品类别 \ 贸易伙伴 / 年份	中国出口波黑产品			波黑出口中国产品		
	2012 年	2019 年	2021 年	2012 年	2019 年	2021 年
消费品占比	29.53	20.81	21.15	23.19	15.66	5.78
中间品占比	26.25	46.95	49.36	46.12	83.48	93.72

续表

产品类别 \ 贸易伙伴 / 年份	中国出口波黑产品			波黑出口中国产品		
	2012 年	2019 年	2021 年	2012 年	2019 年	2021 年
资本品占比	44. 22	29. 81	28. 87	30. 36	0. 79	0. 50
广泛用途占比	0	2. 43	0. 62	0. 32	0. 07	0

数据来源：作者根据 UN-Comtrade 数据计算而得。

从表 11. 1 中可以看出：（1）相较于 2012 年，2021 年中国出口波黑的消费品比重和资本品比重出现了明显的下降趋势，而中间品份额则表现为明显的上升趋势，表明中国中间品在波黑进口市场的比较优势得到了较大提升，在一定程度上反映了波黑企业对中国产品依赖程度有所上升，因此产业链与中国关联度进一步深化。（2）同期，波黑出口中国产品结构也出现了较大变化，2012 年波黑出口中国产品较为均衡地分布在消费品、中间品和资本品三个品类上，而到了 2021 年，波黑出口中国产品出现了极度集中的情况，93. 72%的出口集中在中间品上。消费品占比下降幅度较大，从 2012 年的 23. 19%下降至 2021 年的 5. 78%。资本品从 2012 年的 30. 36%下降至 2021 年的 0. 5%。表明十年来波方的消费品和资本品相对于中国产品而言逐渐丧失竞争力，而作为半成品的中间品对中国出口的份额上升。中波逐渐形成比较紧密的产业上下游关系。

二、产品要素属性视角下的出口结构变化趋势

中国（波黑）出口到波黑（中国）的产品结构如表 11. 2所示。

表 11. 2　中国—波黑双边货物出口贸易结构（按要素门类）　单位:%

产品类别 \ 贸易伙伴 / 年份	中国出口波黑产品			波黑出口中国产品		
	2012 年	2019 年	2021 年	2012 年	2019 年	2021 年
资源密集型产品占比	6. 35	5. 14	1. 90	34. 33	55. 31	77. 95
劳动密集型产品占比	30. 58	45. 29	40. 27	29. 88	39. 75	17. 58
资本技术密集型产品占比	63. 07	49. 57	57. 83	35. 79	4. 94	4. 47

数据来源：作者根据 UN-Comtrade 数据计算而得。

从表 11.2 中可以看出：（1）中国出口波黑产品中资源密集型产品占比非常低，2021 年仅占中国出口波黑产品的 1.9%；资本技术密集型产品占比为 57.83%，劳动密集型产品占比第二，为 40.27%。十年来，中国出口波黑的劳动密集型产品比重上升明显，资本技术密集型产品比重略有下降，但仍是中国出口波黑第一大类产品。表明中国在这两大类工业制成品上相对于波黑具有比较优势。（2）波黑出口中国产品主要集中在资源密集型产品上，2021 年占比达到 77.95%，这与波黑是一个资源丰富的国家有关，其矿产资源和农业资源丰富，因此在这类产品上相对于中国具有比较优势。劳动密集型和资本技术密集型产品比重下降较大，特别是资本技术密集型产品，从 2012 年的 35.79%下降至 2021 年的 4.47%。此消彼长之下，可见双方的贸易结构发生了比较大的变化，波黑的贸易结构有待进一步优化。（3）从双方的出口贸易结构比较来看，双边出口贸易结构存在明显的互补性。波方资源密集型产品相对于中方存在明显的比较优势，可以满足中方的相关需求，而中方物美价廉的劳动密集型和资本技术密集型产品也正好弥补了波方的市场短缺。双方的贸易更多地表现为产业间贸易。

三、产业视角下的出口结构变化趋势

本书用双边出口七大类产品（HS2 级编码分类）的结构变化，来替代在行业视角下双边出口结构的变化，如表 11.3 所示。

表 11.3 中国—波黑双边货物出口产品结构

单位：%

贸易伙伴 \ 年份 \ 产品类别		农食产品占比	机电仪器和交通工具占比	化矿金属占比	纺织鞋帽占比	橡塑皮革占比	玩具钟表占比	木材纸张非金属占比
中国出口波黑	2012 年	6.26	62.97	4.71	6.92	4.01	7.21	7.92
	2021 年	1.64	46.24	21.77	12.78	8.26	6.87	2.01
波黑出口中国	2012 年	1.01	30.74	5.08	5.83	4.34	19.68	33.32
	2021 年	0.60	0.90	19.57	0.02	0.94	4.81	73.16

数据来源：作者根据 UN-Comtrade 数据计算而得。

从表 11.3 中可以看出：（1）相较于 2012 年，2021 年中方出口波方的产品结构变化较大，前三大类产品从 2012 年的机电仪器和交通工具类（62.97%）、木材纸张非金属类（7.92%）和玩具钟表类（7.21%）变化为 2021 年的机电仪器和交通工具类（46.24%）、化矿金属类（21.77%）和纺织鞋帽类（12.78%），与资源视角下的贸易结构变化趋势相符。（2）与此同时，波黑出口则呈现明显的反向变化趋势，其机电仪器和交通工具类、纺织鞋帽类、橡塑皮革类和玩具钟表类的比较优势明显弱化，出口占比下降明显。而木材纸张非金属类的比较优势上升，2021 年占比达到 73.16%，是波黑出口中国的第一大类产品。化矿金属类出口比重也明显上升。表明中波在化矿金属类产品上存在一定的竞争性。（3）比较双边出口贸易产品类别发现双方在彼此市场上出口产品类别相似性较低，说明竞争性较低，互补性较高。波方为中方提供生产所需的木材纸张非金属类和初级制品，中方为波方提供品类繁多的工业制成品，双方相互出口中间品，形成了较为稳定的产业链合作关系。

第三节　双边贸易绩效分析

一、市场绩效的二元边际分析

根据二元边际计算公式，采用 HS 六位编码计算得出的中国（波黑）出口产品在波黑（中国）进口市场的二元边际如表 11.4 所示。

表 11.4　2012—2021 年中波出口产品在彼此市场的二元边际　　单位：%

贸易伙伴	二元边际指标＼年份	2012 年	2013 年	2014 年	2015 年	2016 年	2017 年	2018 年	2019 年	2020 年	2021 年
波黑产品在中国市场	广度	4.76	7.11	8.67	7.07	13.47	6.85	6.78	14.40	16.02	7.75
	深度	0.03	0.02	0.02	0.05	0.02	0.05	0.05	0.03	0.02	0.07
	份额	0.001	0.001	0.002	0.003	0.003	0.003	0.004	0.004	0.004	0.005

续表

贸易伙伴 \ 二元边际指标 \ 年份		2012 年	2013 年	2014 年	2015 年	2016 年	2017 年	2018 年	2019 年	2020 年	2021 年
中国产品在波黑市场	广度	53.22	60.73	63.62	63.73	66.93	65.48	68.29	73.26	73.70	69.48
	深度	10.06	9.92	13.19	10.81	10.10	9.96	10.18	10.15	10.90	11.34
	份额	5.35	6.03	8.39	6.89	6.76	6.52	6.95	7.43	8.03	7.88

数据来源：作者根据 UN-Comtrade 数据计算而得。

从表 11.4 中可以看出：（1）2012—2021 年中国和波黑产品均在对方进口市场取得了较大的绩效，波黑产品在中国的市场份额从 0.001%提高到了 0.005%，增长了四倍，同时中国产品在波黑市场的份额从 5.35%提高到了 7.88%，增加了 47.29%；（2）中国产品在波黑进口市场的广度和深度均有所提高，特别是在广度方面提升幅度较大，中国在保持现有产品的对波竞争力之外，实现更多的新产品成功进入波黑市场，双边贸易还有巨大的发展潜力；（3）波黑产品在中国进口市场的广度和深度也都有较大提高，特别是广度边际各年度稳步提升，而深度边际则较为波动，但 2021 年增幅明显，表明波方产品在中国市场份额的增加不但来自新产品种类的增加，也得益于现有产品市场份额的扩大。得益于中国—中东欧合作机制和“一带一路”倡议的发展，双边贸易得到稳定健康发展，各自对对方的贸易依存度都有所上升。

二、双边贸易互补性分析

采用海关国际通用编码（HS）两位码计算而得的中国对波黑贸易互补性，以及波黑对中国贸易互补性如表 11.5 所示。

表 11.5　2012—2021 年中波贸易的互补性

贸易伙伴 \ 年份	2012 年	2013 年	2014 年	2015 年	2016 年	2017 年	2018 年	2019 年	2020 年	2021 年
中国出口对波黑进口	0.462	0.466	0.503	0.504	0.515	0.507	0.518	0.521	0.524	0.525
波黑出口对中国进口	0.404	0.430	0.419	0.403	0.410	0.420	0.431	0.432	0.445	0.440

数据来源：作者根据 UN-Comtrade 数据计算而得。

从表 11.5 中可以看出：（1）2012—2021 年中国对波黑的贸易互补性稳步上升，2021 年达到 0.525，较 2012 年上升 13.6%，表明中国的产品供给能够较好地满足波黑的需求，这在一定程度上解释了中国对波黑出口年均 12.69% 的增长率；（2）同期，波黑对中国的贸易互补性也有所上升，2021 年为 0.44，较 2012 年上升 8.91%，表明波黑产品与中国市场需求的匹配度上升，使得波黑对中国的出口增长很快，达到年均 16.4%；（3）通过对中波双方的贸易互补性进行分析可知，中波双边贸易互补性强，双方贸易实现了合作共赢，因此双方贸易合作潜力巨大，有利于未来双边贸易的平衡健康发展。

三、恒定市场份额分析（CMSA）

依据前述方法计算而得的 2013—2021 年中国产品在波黑进口市场的 CMSA 逐年分解结果如表 11.6 所示。

表 11.6　2013—2021 年中国产品在波黑进口市场的 CMSA 逐年分解

视角	效应	2013 年	2014 年	2015 年	2016 年	2017 年	2018 年	2019 年	2020 年	2021 年	年均
绝对量（0.1%）	新品竞争	0.75	4.96	0.50	0.25	0.65	0.61	0.38	0.53	2.04	1.19
	结构效应	7.44	3.54	−2.87	2.11	−0.46	5.26	4.06	6.19	−3.43	2.43
	老品竞争	−1.46	15.18	−12.70	−3.66	−2.53	−1.61	0.41	−0.74	−0.14	−0.80
	总效应	6.74	23.68	−15.07	−1.30	−2.34	4.26	4.85	5.98	−1.53	2.81
增长率（%）	新品竞争	1.40	8.23	0.59	0.37	0.96	0.93	0.54	0.71	2.54	1.81
	结构效应	13.91	5.87	−3.41	3.06	−0.67	8.06	5.85	8.32	−4.28	4.08
	老品竞争	−2.72	25.20	−15.13	−5.31	−3.75	−2.46	0.59	−0.99	−0.18	−0.53
	总效应	12.59	39.30	−17.95	−1.89	−3.46	6.53	6.99	8.04	−1.91	5.36

注：年均为前 9 年效应的简单平均数。

数据来源：作者根据 UN-Comtrade 数据以及公式（1-6）计算而得。

从表 11.6 中可以看出：（1）从总的效应看，2013—2021 年中国产品在波黑的市场份额年均增长 0.28%，其中 2014 年增长幅度达到 2.37%，表明中国产品在波黑市场的总体竞争力在不断提升；（2）从三种效应对综合竞争力的贡献看，来自结构效应的贡献最大，且在绝大多数年份结构效应都是正数，这表明在此期间中国出口波黑的产品多数年份非常适应波黑进口市场的增长，大部分产品都集中在波黑进口增长较快的细分市场上；（3）新品竞争力对总体市场份额的增长平均达到了每年增加 0.12%的水平，表明中国每年都有新产品进入波黑市场，特别是 2021 年在老品竞争力和结构效应导致的市场份额总体萎缩的情况下，只有新品竞争力开拓新的市场份额，从而使得总效应负值降低；（4）老品竞争力多数年份为负数，最后均值也为负数，表明多数年份中国大多数产品在原有细分市场的竞争力有所下降。中国产品在波黑市场份额的增加主要依靠新品进入，而非现有产品的竞争力增强。这与之前的二元边际分析中中国出口产品增长主要来自广度边际的增长结果相符。可以看出新品竞争力的贡献和二元边际中广度的变化基本一致，不同的是广度同时考虑了新产品的进入和老产品的退出。

同理，根据公式以及我们的分类和分期方法计算而得的 2013—2021 年波黑产品在中国进口市场的 CMSA 逐年分解结果如表 11.7 所示。

表 11.7　2013—2021 年波黑产品在中国进口市场的 CMSA 逐年分解

视角	效应	2013 年	2014 年	2015 年	2016 年	2017 年	2018 年	2019 年	2020 年	2021 年	年均
绝对量（0.01%）	新品竞争	0.001	0.001	0.003	0.003	0.001	0	0.004	0	0.012	0.003
	结构效应	0.002	0.002	0.004	0	0.001	-0.001	-0.001	-0.002	0.001	0.001
	老品竞争	-0.004	0.005	0.006	-0.007	0.002	0.005	-0.003	0	0.004	0.001
	总效应	-0.002	0.008	0.013	-0.005	0.004	0.005	0.001	-0.002	0.016	0.005
增长率（%）	新品竞争	5.77	9.55	16.11	8.51	1.84	1.25	11.10	0.75	32.79	9.74
	结构效应	12.41	18.38	18.59	-0.81	4.47	-1.75	-1.81	-5.94	1.73	5.03
	老品竞争	-34.62	49.59	33.59	-21.98	6.93	17.33	-7.37	0.17	11.66	6.14
	总效应	-16.44	77.52	68.29	-14.27	13.23	16.83	1.92	-5.01	46.18	20.92

注：年均为前 9 年效应的简单平均数。

数据来源：作者根据 UN-Comtrade 数据以及公式（1-6）计算而得。

从表 11.7 中可以看出：（1）从总的效应看，2013—2021 年多数时间波黑产品在中国进口市场的总市场份额得到了增加，虽然增加的绝对幅度并不大，但相对增长幅度可观，年均增长 20.92%。（2）总市场份额的增加主要贡献来自新产品的不断进入，同时结构效应和老产品竞争力的提升也带来了市场份额的提升。表明波黑产品在中国市场的增加既凭借合理的产品结构，也依靠细分市场竞争力的不断提升。同时新产品的不断涌入，也表明波黑产品在中国的市场潜力巨大。（3）从 CMSA 结构分解可以看出，近十年来波黑产品在中国增长迅速，且结构合理，无论是新品竞争力、老品竞争力还是结构效应都为正，显示出其强大的发展潜力，说明双边贸易合作是积极健康的，有利于双边贸易持续发展。

第四节　本章小结

通过上述对中波双边货物贸易结构和绩效进行分析，我们可以看到中波两国近十年来双边贸易增长较为迅速，超过同期中国和波黑分别对世界的贸易增速，表明双边贸易发展趋势良好，中波双方正越来越成为各自的重要贸易伙伴。更为重要的是，双边贸易趋于平衡，波黑对中国的贸易逆差逐渐缩小，2021 年中国对波黑贸易甚至出现逆差。用联合国贸易统计数据库的所有三大类货物贸易分类方法：经济大类（BEC）、国际贸易标准分类（SITC）和海关编码分类（HS）分析双边贸易结构发现，中波双边贸易互补性强，中国主要向波黑出口具有比较优势的劳动密集型产品和资本技术密集型产品，而波黑则主要向中国出口资源密集型产品。

通过二元边际分析发现，双边贸易增长主要来自广度边际，表明在“一带一路”倡议和中国—中东欧合作框架的引领下，双边合作越来越紧密，越来越多的波黑产品进入中国市场，同时中国的更多产品也进入了波方市场，双边贸易潜力巨大。通过恒定市场份额分析（CMSA）发现波方对中国出口产品无论是新品竞争力、老品竞争力还是结构效应都为正，表明波方出口中方产品结构合理，且竞争力提升；而中方出口波方产品中老品竞争力下降，市场份额扩大主要来自新品竞争力和结构效应。因此，如何提高现有产品的竞争力是中国企业需要思考的问题。

第十二章

中国—黑山双边贸易结构与绩效分析

第一节　双边贸易概况

黑山地处巴尔干半岛中西部，东北部与塞尔维亚相连，东南与阿尔巴尼亚为邻，西北与波黑和克罗地亚接壤，西南濒临亚得里亚海，国土面积为1.38万平方公里，接近于北京的面积，人口为62万，与中国澳门相当。黑山是北约成员国、欧盟候选国，是中欧自由贸易协定成员国，与欧洲自由贸易联盟（包括冰岛、挪威、瑞士、列支敦士登）、俄罗斯、土耳其和乌克兰签有自由贸易协定①。

随着“一带一路”国际合作和中国—中东欧合作的蓬勃发展，中国与黑山双边关系迎来了历史最好时期，双边经贸合作紧密。2012—2021年中国在黑山的贸易伙伴国地位从第5位上升到了第3位，仅次于塞尔维亚和德国，其中与第二大伙伴国德国的贸易额非常接近。2020年，中国是黑山的第二大贸易伙伴和第二大进口来源国。在黑山的所有贸易伙伴中，同中国的贸易总额的占比从2012年的6.15%提升到了2021年的8.56%。中国是黑山的重要贸易伙伴。

① 商务部国际贸易经济合作研究院、中国驻黑山大使馆经济商务处、商务部对外投资和经济合作司:《对外投资合作国别（地区）指南——黑山》（2021版）。

从中国的视角看，2012 年双边贸易总额为 1.67 亿美元，到 2020 年双边贸易总额为 1.71 亿美元，2012—2020 年年均增速为 0.25%，增长较慢。2021 年受到新冠肺炎疫情和黑山经济减速的影响，中黑双边贸易仅为 1.07 亿美元。从黑山的视角看，2012 年双边贸易总额为 1.73 亿美元，到 2021 年双边贸易总额达到了 2.96 亿美元，2012—2021 年年均增速为 6.2%，高于同期黑山在全球的贸易总额年均增速 2.36%。虽然从中国的视角看，中黑贸易发展得较为缓慢，2021 年甚至出现负增长，但从黑山的统计角度看，黑中贸易发展得非常迅速，中国是黑山在欧洲以外非常重要的贸易伙伴。这主要得益于中国—中东欧合作机制带来的双边经贸关系的日益密切。

2012—2021 年中国—黑山双边贸易发展趋势可以用双边货物贸易指数及货物贸易平衡度来表示，如图 12.1 所示。

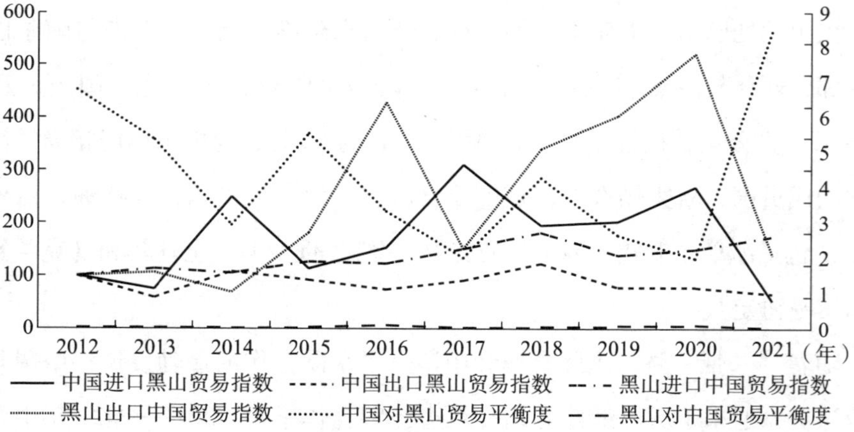

图 12.1 中国—黑山双边货物贸易指数及平衡度（%）

注：1. 进出口贸易指数均以 2012 年为基年（2012 年指数 = 100）；

2. 贸易平衡度等于出口额与进口额的比值；

3. 贸易平衡度指标采用右侧坐标，其余 4 条线均为左侧坐标。

数据来源：作者根据 UN-Comtrade 数据计算而得。

从图 12.1 中可以看出：（1）2012—2021 年，中国进口黑山指数波动较大，但仅在 2013 年和 2021 年是低于 100 的，也即低于 2012 年的水平，其他年份都为正的增长，特别是 2014 年、2017 年和 2020 年，最高点达到 2012 年进口水平的 3 倍。而中国出口黑山指数除 2018 年以外，其他年份基本上是在 2012 年（基年）以下，表明中国出口黑山增长较慢，甚至为负。（2）从黑山角度看，黑山出口中国贸易指数是波动上升的，特别是 2016 年和 2020 年增长迅速，2020 年达到峰值，是 2012 年出口额的 5 倍。黑山进口中国贸易指数是稳步上升的，上升幅度没有出口额大，在 2012 年进口额的 2 倍以内。表明黑山对中国出口增长速度快于进口。（3）从贸易平衡度来看，中国对黑山贸易整体表现为顺差，但是双边贸易平衡度在下降。用中方统计数据看，2012 年中国出口黑山贸易额是进口黑山贸易额的 6. 79 倍，这一数据到 2020 年为 1. 97 倍，用黑方统计数据看，2012 年黑山进口中国贸易额是出口中国的 34. 32 倍，这一数据到 2020 年为 9. 81 倍。虽然 2021 年黑山由于受疫情影响出口额大幅下降，导致逆差扩大，但总体趋势是逆差减少，中黑双边贸易还有巨大的发展空间。

第二节　双边出口贸易结构

一、经济大类视角下的出口结构变化趋势

中国—黑山双边货物出口贸易结构变化如表 12. 1 所示。

表 12. 1　中国—黑山双边货物出口贸易结构（按经济大类）　单位：%

贸易伙伴 / 年份 / 产品类别	中国出口黑山产品			黑山出口中国产品		
	2012 年	2019 年	2021 年	2012 年	2019 年	2021 年
消费品占比	23. 96	24. 38	23. 16	30. 42	9. 05	31. 60
中间品占比	29. 15	63. 14	60. 19	67. 68	89. 08	48. 45
资本品占比	46. 89	10. 32	9. 52	1. 90	1. 88	19. 95
广泛用途占比	0	2. 15	7. 13	0	0	0

数据来源：作者根据 UN-Comtrade 数据计算而得。

从表 12. 1 中可以看出：（1）2012 年中国出口黑山的产品结构中消费品占比 23. 96%，中间品占比 29. 15%，资本品占比 46. 89%。而到了 2021 年，中

国出口黑山的产品结构中，资本品比重明显降低，仅占 9.52%，中间品比重上升至 60.19%，消费品比重变化不大。可见中国出口黑山的产品结构变化较大，从主要出口资本品到主要出口中间品，可能与黑山的消费结构调整有关，也可能与中国的资本品在黑山市场上比较优势降低有关。（2）同期，黑山出口中国的产品结构中中间品一直是其第一大类产品，2019 年甚至占比达到 89.08%，2021 年占比达 48.45%。消费品占黑山出口中国的产品比重约为三分之一，资本品占比将近 20%。（3）从产品结构来看，双方的贸易结构较为相似，相互出口消费品、中间品和资本品，在同类别产品中存在一定的竞争性。

二、产品要素属性视角下的出口结构变化趋势

中国（黑山）出口到黑山（中国）的产品结构如表 12.2所示。

表 12.2　中国—黑山双边货物出口贸易结构（按要素门类）　单位：%

贸易伙伴 / 年份 / 产品类别	中国出口黑山产品			黑山出口中国产品		
	2012 年	2019 年	2021 年	2012 年	2019 年	2021 年
资源密集型产品占比	32.35	—	3.77	94.56	96.14	37.59
劳动密集型产品占比	15.13	—	46.05	1.70	3.55	61.51
资本技术密集型产品占比	52.52	—	50.18	3.74	0.32	0.90

数据来源：作者根据 UN-Comtrade 数据计算而得。

从表 12.2 中可以看出：（1）中国出口黑山产品中资源密集型产品占比从 2012 年的 32.35%下降至 2021 年的 3.77%。劳动密集型产品比例上升较快，从 2012 年的 15.13%上升至 2021 年的 46.05%。资本技术密集型产品出口比重略有降低。（2）黑山出口中国产品主要集中在资源密集型产品和劳动密集型产品上，2012 年和 2019 年黑山出口中国产品中资源密集型产品占比高达 94.56%和 96.14%，2021 年为 37.59%；劳动密集型产品 2021 年占黑山出口中国产品的 61.51%，此前占比仅为 1.7%（2012 年）；资本技术密集型产品比重下降。（3）从双方的出口贸易结构比较来看，双边出口贸易结构存在明

显的互补性。黑山资源密集型产品相对于中方具有明显的比较优势，可以满足中方的相关需求，而中方的资本技术密集型产品也正好弥补了黑山的市场短缺。双方在劳动力密集型产品上存在一定的竞争性。

三、产业视角下的出口结构变化趋势

本书用双边出口七大类产品（HS2 级编码分类）的结构变化，来替代在行业视角下双边出口结构的变化，如表 12.3 所示。

表 12.3　中国—黑山双边货物出口产品结构　　单位:%

贸易伙伴 \ 年份 \ 产品类别		农食产品占比	机电仪器和交通工具占比	化矿金属占比	纺织鞋帽占比	橡塑皮革占比	玩具钟表占比	木材纸张非金属占比
中国出口黑山	2012 年	3. 16	53. 62	9. 86	9. 50	11. 55	6. 44	5. 87
	2021 年	2. 35	27. 00	35. 37	7. 93	13. 09	8. 29	4. 32
黑山出口中国	2012 年	29. 37	3. 70	65. 47	0	0	1. 05	0. 41
	2021 年	30. 53	20. 86	40. 16	0. 86	0. 53	0	7. 06

数据来源：作者根据 UN-Comtrade 数据计算而得。

从表 12.3 中可以看出：（1）相较于 2012 年，2021 年中方出口黑方的第一、第二大类产品位置逐渐发生了变化，机电仪器和交通工具类占比从第一下降至第二，化矿金属类比重上升至 35. 37%，成为 2021 年中国出口黑山最多的产品。橡塑皮革类是中国出口黑山的第三大类产品。（2）与此同时，黑山对华出口结构发生了相反的变化。2021 年黑山出口中国的产品结构中化矿金属类仍然占比第一，但是比例已从 2012 年的 65. 47%下降至 2021 年的 40. 16%。农食产品是黑山出口中国的第二大类产品，占比为 30. 53%。机电仪器和交通工具类上升较快，2021 年占比达到 20. 86%，成为黑山出口中国的第三大类产品。（3）比较双边出口贸易产品类别发现双方在彼此市场上相互出口机电仪器和交通工具类，以及化矿金属类，存在一定的竞争性。在农食产品上，黑山较中国具有明显的竞争优势，出口中国比重较大。而在纺织鞋帽类、橡塑皮革类、玩具钟表类等劳动力密集型产业方面中国具有比较优势，两国在这些行业的贸易具有互补性。

第三节　双边贸易绩效分析

一、市场绩效的二元边际分析

根据二元边际计算公式，采用HS六位编码计算得出的中国（黑山）出口产品在黑山（中国）进口市场的二元边际如表12.4所示。

表12.4　2012—2021年中黑出口产品在彼此市场的二元边际　　单位：%

贸易伙伴 \ 二元边际指标 \ 年份		2012年	2013年	2014年	2015年	2016年	2017年	2018年	2019年	2020年	2021年
黑山产品在中国市场	广度	1.23	1.61	2.10	2.39	7.09	12.95	5.80	7.98	18.49	10.47
	深度	0.100	0.050	0.130	0.060	0.030	0.030	0.030	0.030	0.020	0.004
	份额	0.0010	0.0010	0.0030	0.0010	0.0020	0.0040	0.0020	0.0020	0.0030	0.0004
中国产品在黑山市场	广度	57.72	56.83	59.12	62.30	65.88	62.46	67.62	71.97	70.39	67.19
	深度	12.43	14.21	12.58	16.52	13.65	15.39	14.88	11.02	14.77	14.64
	份额	7.17	8.08	7.44	10.30	8.99	9.61	10.06	7.93	10.39	9.84

数据来源：作者根据UN-Comtrade数据计算而得。

从表12.4中可以看出：（1）2012—2021年中国和黑山产品均在对方进口市场取得了较大的绩效，黑山产品在中国的市场份额均值为0.0019%，较2012年初期增长了58.5%；同时中国产品在黑山市场的份额从7.17%提高到了均值8.98%，增加了25.2%。（2）中国产品在黑山进口市场的广度和深度均有所提高，分别比2012年提高16.41%和17.78%，表明中国产品在黑山市场份额的增加既依赖于新产品的进入，也依赖于现有产品市场竞争力的提升。（3）黑山产品在中国进口市场的广度边际有较大提高，2012—2021年平均提高了4.68倍。而深度边际则基本处于下降趋势，年均下降约50%。表明黑山在中国出口市场份额的提高主要来自新产品的增加，而现有细分市场的产品竞争力则有下降趋势。

二、双边贸易互补性分析

采用海关国际通用编码（HS）两位码计算而得的中国对黑山贸易互补性，以及黑山对中国贸易互补性如表 12.5 所示。

表 12.5　2012—2021 年中黑贸易的互补性

年份 贸易伙伴	2012 年	2013 年	2014 年	2015 年	2016 年	2017 年	2018 年	2019 年	2020 年	2021 年
中国出口对黑山进口	0.466	0.485	0.490	0.525	0.557	0.531	0.539	0.530	0.536	0.508
黑山出口对中国进口	0.348	0.372	0.363	0.386	0.400	0.400	0.435	0.485	0.498	0.462

数据来源：作者根据 UN-Comtrade 数据计算而得。

从表 12.5 中可以看出：（1）2012—2021 年中国对黑山的贸易互补性稳步上升，2021 年达到 0.508，较 2012 年上升 9.01%，表明中国的产品供给与黑山的需求匹配度上升，中国产品能够较好地满足黑山的市场需求。（2）同期，黑山对中国的贸易互补性上升幅度更快，2021 年为 0.462，较 2012 年上升 32.8%，表明黑山产品与中国市场需求的匹配度上升，使得黑山对中国的出口增长很快，2012—2020 年年均增长 22.87%。（3）通过对中黑双方的贸易互补性进行分析可知，中黑双边贸易互补性较强，都达到了 0.5 左右，双方贸易属于合作共赢的贸易模式，因此双方贸易合作潜力巨大，有利于未来双边贸易的平衡健康发展。

三、恒定市场份额分析（CMSA）

依据前述方法计算而得的 2013—2021 年中国产品在黑山进口市场的 CMSA 逐年分解结果如表 12.6 所示。

表 12.6　2013—2021 年中国产品在黑山进口市场的 CMSA 逐年分解

视角	效应	2013 年	2014 年	2015 年	2016 年	2017 年	2018 年	2019 年	2020 年	2021 年	年均
绝对量（0.1%）	新品竞争	1.09	2.64	13.13	2.50	8.35	16.80	1.03	0.89	7.83	6.03
	结构效应	7.620	−5.610	4.700	−5.403	−7.120	0.700	−11.690	8.140	−5.810	−1.610
	老品竞争	0.31	−3.40	10.72	−10.11	4.96	−12.98	−10.64	15.56	−7.60	−1.46
	总效应	9.02	−6.37	28.56	−13.01	6.18	4.52	−21.30	24.59	−5.58	2.96

续表

视角	效应	2013 年	2014 年	2015 年	2016 年	2017 年	2018 年	2019 年	2020 年	2021 年	年均
增长率（%）	新品竞争	1.52	3.27	17.65	2.42	9.28	17.48	1.02	1.12	7.53	6.81
	结构效应	10.62	-6.94	6.32	-5.25	-7.92	0.72	-11.62	10.26	-5.59	-1.04
	老品竞争	0.43	-4.21	14.41	-9.82	5.51	-13.50	-10.57	19.61	-7.31	-0.60
	总效应	12.57	-7.89	38.39	-12.64	6.87	4.70	-21.16	30.99	-5.37	5.16

注：年均为前 9 年效应的简单平均数。

数据来源：作者根据 UN-Comtrade 数据以及公式（1-6）计算而得。

从表 12.6 中可以看出：（1）从总的效应看，2013—2021 年中国产品在黑山的市场份额有一定增长，年均绝对增长将近 0.3%，年均相对增长率为 5.16%。其中 2015 年和 2020 年增长幅度较大，分别达到 38.39%和 30.99%，表明中国产品在黑山市场的总体竞争力在不断提升。（2）从三种效应对综合竞争力的贡献看，中国出口黑山市场份额的扩大主要来自新品竞争力的提升，而结构效应和老品竞争力效应皆为负，表明中国出口黑山的产品并不是分布在黑山进口增长快速的产品类别，因而不是非常匹配黑山的消费需求。此外老品竞争力效应也为负，表明已进入黑山市场的中国现有产品市场竞争力也有待提升。在这两种效应的综合作用下，中国出口黑山的贸易额增长较慢，2021 年甚至出现负增长。因此要扩大中国产品在黑山的市场份额，中国需要调整出口黑山的产品结构，尽量匹配黑山的市场需求，同时要增强现有产品的市场竞争力。

同理，根据公式以及我们的分类和分期方法计算而得的 2013—2021 年黑山产品在中国进口市场的 CMSA 逐年分解结果如表 12.7 所示。

表 12.7　2013—2021 年黑山产品在中国进口市场的 CMSA 逐年分解

视角	效应	2013 年	2014 年	2015 年	2016 年	2017 年	2018 年	2019 年	2020 年	2021 年	年均
绝对量（0.01%）	新品竞争	0	0.011	0.005	0	0	0	0	0	0	0.002
	结构效应	-0.002	0	0.003	-0.002	0.003	0.003	0.003	-0.001	-0.006	0
	老品竞争	-0.001	0.008	-0.021	0.008	0.013	-0.019	-0.003	0.007	-0.018	-0.003
	总效应	-0.004	0.019	-0.013	0.006	0.015	-0.016	0.001	0.007	-0.024	-0.001

续表

视角	效应	2013 年	2014 年	2015 年	2016 年	2017 年	2018 年	2019 年	2020 年	2021 年	年均
增长率（%）	新品竞争	0.02	128.60	18.49	0.34	0.22	0.39	1.63	0.51	0.37	16.73
	结构效应	-18.91	1.66	11.45	-15.02	13.65	7.20	17.43	-3.15	-20.73	-0.71
	老品竞争	-10.96	99.95	-77.07	56.65	61.64	-53.27	-12.57	35.75	-64.42	3.97
	总效应	-29.86	230.20	-47.13	41.97	75.51	-45.68	6.49	33.11	-84.78	19.98

注：年均为前 9 年效应的简单平均数。

数据来源：作者根据 UN-Comtrade 数据以及相关公式计算而得。

从表 12.7 中可以看出：（1）从总的效应看，2013—2021 年黑山产品在中国市场的份额几乎没有变化，略微有点下降，年均增长绝对量为-0.0001%。虽然绝对量有所下降，但增长率平均为 19.98%。黑山出口中国的贸易额年度起伏较大，较易受外部环境的影响。（2）从三种效应对综合竞争力的贡献看，黑山出口中国市场份额的扩大主要来自新品竞争力的提升，平均贡献达 150%。结构效应基本没有变化，老品竞争力效应为负。由此可以看出，新产品的进入是黑山市场份额提升的重要来源，而老产品的竞争力效应则为负，表明黑山原有的出口产品在中国市场上逐渐丧失竞争力。（3）从 CMSA 结构分解可以看出，中黑贸易结构匹配度有待提升，要使双边贸易获得持续稳定发展的动力，贸易结构的改善以及产品竞争力的提升非常重要。

第四节　本章小结

通过上述对中黑双边货物贸易结构和绩效进行分析，我们可以看到中黑两国近十年来双边贸易增长波动较大，易受外部环境影响。中国是黑山的重要贸易伙伴，黑山对中国的出口贸易发展迅速，双边贸易趋于平衡，黑山对中国的贸易逆差逐渐缩小。用联合国贸易统计数据库的所有三大类货物贸易分类方法：经济大类（BEC）、国际贸易标准分类（SITC）和海关编码分类（HS）分析双边贸易结构发现，中黑双边贸易互补性较强，中国主要向黑山出口具有比较优势的劳动密集型产品和资本技术密集型产品，而黑山则主要向中国出口资源密集型产品和劳动密集型产品。但是双方贸易在劳动密集型产品和资本品上也存在一定的竞争性。

通过二元边际分析发现，双边贸易增长主要来自广度边际，表明在“一带一路”倡议和中国—中东欧合作框架的引领下，双边合作越来越紧密，越来越多的新产品进入各自的市场。通过恒定市场份额分析（CMSA）发现黑山对中国出口份额的增加主要来自新品竞争力，结构效应几乎没有变化，老品竞争力为负；中方对黑山的出口份额增加也主要来自新品竞争力，结构效应和老品竞争力效应均为负，表明双边贸易供给和需求结构不是十分匹配，双方现有出口产品的竞争力有待提高。此研究结论有助于中黑双方更好地审视各自的出口产品贸易结构，从而更好地进行未来的经贸合作。

第十三章

中国—阿尔巴尼亚双边贸易结构与绩效分析

第一节　双边贸易概况

阿尔巴尼亚位于东南欧巴尔干半岛西岸，北与塞尔维亚（科索沃地区）和黑山、东与北马其顿、南与希腊接壤，西临亚得里亚海，隔奥特朗托海峡与意大利相望。阿尔巴尼亚具有丰富的水力资源和太阳能资源，矿产资源也十分丰富，有石油、天然气、沥青、褐煤、石灰石、铬、铜和镍等，目前开采和出口的主要矿产资源是铬矿和石油。

阿尔巴尼亚是一个传统的农业国，农业在国民经济中占十分重要的地位。药用及香料植物、橄榄油、蜂蜜、葡萄酒等特色农产品都具有一定的市场竞争力。但阿尔巴尼亚农业生产力水平整体仍然不高，农业科技含量较低。2021 年 2 月，中国—中东欧国家领导人峰会期间，中阿签署《蜂蜜和乳品输华检验检疫议定书》，为阿尔巴尼亚相关农产品进入中国市场打下良好基础。阿尔巴尼亚工业基础薄弱，工业体系建设较为滞后。工业产品主要为纺织品、鞋类等基本轻工产品，以及矿产、石油等资源性产品[①]。

中阿两国于 1949 年 11 月 23 日建交，两国在历史上有着良好的积极互动。

---

① 商务部国际贸易经济合作研究院、中国驻阿尔巴尼亚大使馆经济商务处、商务部对外投资和经济合作司：《对外投资合作国别（地区）指南——阿尔巴尼亚》（2021 版）。

在“一带一路”倡议及中国—中东欧合作机制的引领下，中阿经贸合作取得了积极进展。从中国的视角看，2012 年双边贸易总额为 4.87 亿美元，到 2021 年双边贸易总额达到了 7.56 亿美元，2012—2021 年年均增速为 5.01%，特别是 2013 年、2016 年和 2021 年增速达到了两位数，分别为 14.96%、13.81% 和 15.85%。从阿尔巴尼亚的视角看，2012 年双边贸易总额为 3.63 亿美元，到 2020 年双边贸易总额达到了 5.32 亿美元，2012—2020 年年均增速为 4.88%，虽然稍低于这一时期中国在全球的贸易总额年均增速 5.09%，但远高于阿尔巴尼亚在全球的贸易总额年均增速 1.68%，说明双边贸易增长较为迅速，特别是对于阿尔巴尼亚而言，中国越来越成为其重要的贸易伙伴。

2012—2021 年中阿双边贸易发展趋势可以用双边货物贸易指数及货物贸易平衡度来表示，如图 13.1 所示。

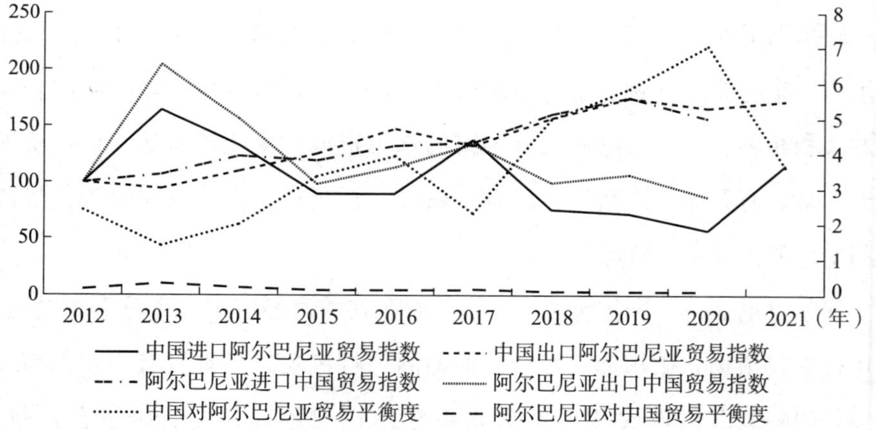

图 13.1　中国—阿尔巴尼亚双边货物贸易指数及平衡度（%）

注：1. 进出口贸易指数均以 2012 年为基年（2012 年指数 = 100）；

2. 贸易平衡度等于出口额与进口额的比值；

3. 贸易平衡度指标采用右侧坐标，其余 4 条线均为左侧坐标。

数据来源：作者根据 UN-Comtrade 数据计算而得。

从图 13.1 中可以看出：（1）中国进出口阿尔巴尼亚的贸易指数交替上升，2012—2014 年，中国进口阿尔巴尼亚指数高于出口指数；此后则除 2017 年以外，基本都是出口指数高于进口指数。表明中国—中东欧合作机制建立后，中国对阿尔巴尼亚的进口一度增长迅速，但缺乏后劲。而中国对阿尔巴尼亚的出口增长则较为迅速，是阿尔巴尼亚的第五大进口来源国。（2）阿尔巴尼亚进口中国贸易指数呈平稳上升状态，而出口中国贸易指数则较为波动，特别是2018年以后出现了一个下降趋势，对华出口增长趋势明显低于对华进口增长趋势，在一定程度上反映了对华产品的依赖明显高于对华市场的依赖。（3）从贸易平衡度来看，2012—2021年，中国对阿尔巴尼亚出口额平均是进口额的3.69倍，而这一数字在阿方看来却几乎高达6.99倍（阿方对华进口额比出口额）。从趋势来看，中阿双方的贸易不平衡从2017年后开始扩大，2021年有所下降。

第二节　双边出口贸易结构

一、经济大类视角下的出口结构变化趋势

中国—阿尔巴尼亚双边货物出口贸易结构变化如表13.1所示。

表13.1　中国—阿尔巴尼亚双边货物出口贸易结构（按经济大类）　单位:%

产品类别＼年份＼贸易伙伴	中国出口阿尔巴尼亚产品			阿尔巴尼亚出口中国产品		
	2012年	2019年	2021年	2012年	2019年	2021年
消费品占比	35.57	31.43	30.90	0.21	0	0.06
中间品占比	48.97	52.36	49.63	99.17	95.99	82.14
资本品占比	15.46	15.35	18.20	0.62	0	0
广泛用途占比	0	0.86	1.27	0	4.01	17.80

数据来源：作者根据UN-Comtrade数据计算而得。阿尔巴尼亚2021年数据缺失，采用2020年数据计算而得。

从表13.1中可以看出：（1）2012—2021年中国出口阿尔巴尼亚的产品结构基本变化不大，消费品占比有一定比例的下降，从2012年的35.57%下降为2021年的30.90%。中间品和资本品占比上升。表明中国中间品在阿方进口市场的比较优势得到了一定的提升，在一定程度上反映了阿方企业对中国

产品依赖程度有所上升，因此产业链与中国关联度进一步深化。（2）从阿方出口中方的产品结构来看，主要集中在中间品上，2012 年占比达到 99.17%，2021 年下降至 82.14%，但仍是阿方出口中国的主要产品，广泛用途占比 17.8%。表明阿尔巴尼亚工业基础还比较薄弱，更多的是出口轻加工的中间品，近年来出口贸易结构更为多元化，但现代化程度仍需进一步提升。

二、产品要素属性视角下的出口结构变化趋势

中国（阿尔巴尼亚）出口到阿尔巴尼亚（中国）的产品结构如表 13.2 所示。

表 13.2　中国—阿尔巴尼亚双边货物出口贸易结构（按要素门类）　单位:%

贸易伙伴 / 年份 / 产品类别	中国出口阿方产品			阿方出口中国产品		
	2012 年	2019 年	2021 年	2012 年	2019 年	2021 年
资源密集型产品占比	4.10	1.64	1.73	98.03	96.03	80.58
劳动密集型产品占比	66.30	62.40	56.86	0.23	0.10	1.77
资本技术密集型产品占比	29.61	35.96	41.41	1.74	3.87	17.64

数据来源：作者根据 UN-Comtrade 数据计算而得。阿尔巴尼亚 2021 年数据缺失，采用 2020 年的数据计算而得。

从表 13.2 中可以看出：（1）2021 年，中国出口阿尔巴尼亚的主要是劳动密集型和资本技术密集型产品，资源密集型产品占比很低。2021 年，中国出口阿尔巴尼亚的资本技术密集型产品比重上升明显，劳动密集型和资源密集型产品比重下降，这表明中国出口阿尔巴尼亚产品的结构得到了明显的优化，高附加值出口产品比值稳步提升。（2）阿尔巴尼亚出口中国产品主要集中在资源密集型产品上，2012 年高达 98.03%，2021 年比重也达到 80.58%，这与阿尔巴尼亚丰富的资源要素禀赋相契合。十年间，阿方向中方出口资本技术密集型产品的比重也得到大幅提高，表明阿方的出口贸易结构也得到明显优化，技术水平得到提升。（3）从双方的出口贸易结构比较来看，双边出口贸易结构存在明显的互补性。阿方资源密集型产品相对于中方存在明显的比较优势，可以满足中方的相关需求，而中方物美价廉的劳动密集型和资本技术

密集型产品也正好弥补了阿方的市场短缺。双方的贸易更多地表现为产业间贸易。

三、产业视角下的出口结构变化趋势

本书用双边出口七大类产品（HS2 级编码分类）的结构变化，来替代在行业视角下双边出口结构的变化，如表 13.3 所示。

表 13.3　中国—阿尔巴尼亚双边货物出口产品结构　单位:%

贸易伙伴 \ 年份 \ 产品类别		农食产品占比	机电仪器和交通工具占比	化矿金属占比	纺织鞋帽占比	橡塑皮革占比	玩具钟表占比	木材纸张非金属占比
中国出口阿方	2012 年	3.89	24.54	18.15	13.66	12.23	12.61	14.92
	2021 年	1.54	33.80	16.65	16.32	10.41	12.51	7.88
阿方出口中国	2012 年	0.03	0.63	97.94	0.13	1.07	0.21	0
	2021 年	0.73	0.69	98.39	0.16	0	0	0.02

数据来源：作者根据 UN-Comtrade 数据计算而得。

从表 13.3 中可以看出：（1）相较于 2012 年，2021 年中方出口阿方的产品结构变化较大，其中农食产品、橡塑皮革类和木材纸张非金属类产品比重下降，机电仪器和交通工具类、纺织鞋帽类比重上升。其中机电仪器和交通工具类以及化矿金属类一直稳居中国出口阿尔巴尼亚的前二大类产品，纺织鞋帽类取代木材纸张非金属类成为中国出口阿方的第三大类产品。（2）阿方出口中国的产品主要集中在化矿金属类上，2021 年占比达到 98.39%，其次是农食产品（0.73%）、机电仪器和交通工具类（0.69%）。可见阿方的出口贸易结构较为单一，除资源密集型产品外，工业制成品的竞争力有待提高。（3）双方在彼此市场出口产品类别上相似度不高，表明双边贸易的竞争性较小，有很大的互补性。阿方为中方提供生产所需的化矿金属和初级制品，中方为阿方提供品类繁多的工业制成品。阿方的农产品相对于中方也具有比较优势，在中国—中东欧合作框架下，双方签署了一系列针对中东欧国家农产品输华的贸易便利化协议，有利于阿方农产品进入中国市场。

第三节　双边贸易绩效分析

一、市场绩效的二元边际分析

采用（HS）六位编码计算得出的中国（阿尔巴尼亚）出口产品在阿尔巴尼亚（中国）进口市场的二元边际如表 13.4 所示。

表 13.4　2012—2021 年中阿出口产品在彼此市场的二元边际　　单位：%

贸易伙伴	二元边际指标＼年份	2012 年	2013 年	2014 年	2015 年	2016 年	2017 年	2018 年	2019 年	2020 年	2021 年
阿方产品在中国市场	广度	18.70	17.70	18.01	15.75	15.55	7.29	22.53	24.90	26.13	24.99
	深度	0.042	0.068	0.054	0.048	0.052	0.146	0.022	0.020	0.015	0.024
	份额	0.008	0.012	0.010	0.008	0.008	0.011	0.005	0.005	0.004	0.006
中国产品在阿方市场	广度	68.39	70.07	71.70	67.58	64.97	68.30	78.77	65.73	66.62	—
	深度	9.29	9.69	10.19	12.65	13.50	11.57	10.65	14.00	13.48	—
	份额	6.36	6.79	7.30	8.55	8.77	7.90	8.39	9.20	8.98	—

数据来源：作者根据 UN-Comtrade 数据计算而得。由于缺少阿尔巴尼亚 2021 年贸易数据，因此 2021 年空缺，下同。

从表 13.4 中可以看出：（1）2012—2020 年中国产品在阿尔巴尼亚的市场份额有所扩大，从 6.36%扩大至 8.98%，涨幅为 41.2%。而阿方产品在中国的市场份额在 2017 年之前有所扩大，但从 2018 年开始市场份额有所萎缩，2021 年仅占中方市场份额的 0.006%，比 2012 年下降 25%。（2）从二元边际分析来看，近十年来，中国出口到阿尔巴尼亚市场的广度边际波动性较大，表明中国出口到阿尔巴尼亚的产品结构在不断调整；深度边际则呈现稳步上升趋势，表明中国出口阿尔巴尼亚的产品在阿方市场上国际竞争力有所增强。而阿方产品在中国市场份额的增加则主要来自广度边际的上升，表明阿方输华产品种类增加。得益于中国—中东欧合作机制和“一带一路”倡议的发展，更多阿尔巴尼亚产品进入中国，为中国消费者所接受。

二、双边贸易互补性分析

根据第一章的公式和计算方法，采用海关国际通用编码（HS）两位码计算而得的中国对阿尔巴尼亚贸易互补性，以及阿尔巴尼亚对中国贸易互补性如表 13. 5 所示。

表 13. 5　2012—2021 年中阿贸易的互补性

贸易伙伴 \ 年份	2012 年	2013 年	2014 年	2015 年	2016 年	2017 年	2018 年	2019 年	2020 年	2021 年
中国出口对阿方进口	0. 466	0. 479	0. 508	0. 552	0. 577	0. 548	0. 557	0. 553	0. 534	—
阿方出口对中国进口	0. 377	0. 361	0. 356	0. 335	0. 336	0. 311	0. 341	0. 352	0. 350	—

数据来源：作者根据 UN-Comtrade 数据计算而得。

从表 13. 5 中可以看出：（1）2012—2021 年中国对阿尔巴尼亚的贸易互补性稳步上升，2020 年达到 0. 534，较 2012 年上升 14. 6%，表明中国的产品供给能够较好地满足阿尔巴尼亚的需求，这在一定程度上解释了中国对阿尔巴尼亚出口年均 6. 21%的增长率；（2）同期，阿尔巴尼亚对中国的贸易互补性稳中有降，表明阿方产品与中国市场需求的匹配程度略有下降，使得阿方对中国出口年均增速（-1. 76%）远低于中国对阿方的出口；（3）中阿两国贸易互补性差距进一步扩大，结合前述二元边际分析，阿方虽然有更多产品进入中国市场，但是产品竞争力还有待提高，打开新市场后，如何扩大贸易额，是双方要重点思考的问题。

三、恒定市场份额分析（CMSA）

依据前述方法计算而得的 2013—2021 年中国产品在阿尔巴尼亚进口市场的 CMSA 逐年分解结果如表 13. 6 所示。

表 13. 6　2013—2021 年中国产品在阿尔巴尼亚进口市场的 CMSA 逐年分解

视角	效应	2013 年	2014 年	2015 年	2016 年	2017 年	2018 年	2019 年	2020 年	2021 年	年均
绝对量（0. 1%）	新品竞争	1. 56	0. 08	10. 86	2. 21	0. 27	3. 38	1. 18	5. 25	—	3. 10
	结构效应	4. 89	−3. 44	16. 80	9. 74	0. 61	7. 55	−0. 02	12. 80	—	6. 12
	老品竞争	−2. 09	8. 47	−15. 19	−9. 73	−9. 58	−6. 04	6. 94	−20. 26	—	−5. 93
	总效应	4. 35	5. 12	12. 48	2. 22	−8. 70	4. 89	8. 10	−2. 22	—	3. 28

续表

视角	效应	2013 年	2014 年	2015 年	2016 年	2017 年	2018 年	2019 年	2020 年	2021 年	年均
增长率（%）	新品竞争	2.45	0.12	14.88	2.58	0.30	4.27	1.40	5.70	—	3.96
	结构效应	7.70	−5.06	23.01	11.39	0.70	9.55	−0.02	13.91	—	7.65
	老品竞争	−3.30	12.48	−20.79	−11.37	−10.92	−7.64	8.27	−22.02	—	−6.91
	总效应	6.85	7.53	17.09	2.59	−9.91	6.19	9.65	−2.41	—	4.70

注：年均为前 9 年效应的简单平均数。

数据来源：作者根据 UN-Comtrade 数据以及相关公式计算而得，由于缺少阿尔巴尼亚 2021 年贸易数据，因此 2021 年空缺。

从表 13.6 中可以看出：（1）从总的效应看，2013—2021 年中国产品在阿尔巴尼亚的市场份额除 2017 年和 2020 年以外都在增加，表明中国产品在阿尔巴尼亚市场的总体竞争力在不断提升。（2）从三种效应对综合竞争力的贡献来看，来自结构效应的贡献最大，对总效应的贡献达到 186.59%，且在绝大多数年份结构效应都是正数，这表明在此期间中国出口阿尔巴尼亚的产品多数年份非常适应阿方进口市场的增长，大部分产品都集中在阿方进口增长较快的细分市场上。（3）新品竞争力对总体市场份额的增长平均达到了每年增加 0.31%的水平，表明中国每年都有新产品进入阿尔巴尼亚市场，平均对总效应的贡献达到 94.51%。（4）老品竞争力则多数年份表现为负数，表明多数年份中国大多数产品在原有细分市场的竞争力在下降，很多退出了阿方市场。结合新品竞争力不断提高来看，中国在阿尔巴尼亚市场的产品结构在不断发生变化，资源密集型产品和劳动密集型产品的比重在下降，资本技术密集型产品的比重在上升，表明中国出口阿尔巴尼亚的产品结构在不断优化。

同理，根据我们的分类和分期方法计算而得的 2013—2021 年阿尔巴尼亚产品在中国进口市场的 CMSA 逐年分解结果如表 13.7 所示。

表 13.7　2013—2021 年阿尔巴尼亚产品在中国进口市场的 CMSA 逐年分解

视角	效应	2013 年	2014 年	2015 年	2016 年	2017 年	2018 年	2019 年	2020 年	2021 年	年均
绝对量（0.01%）	新品竞争	0.002	0.001	0.001	0.005	0.001	0	0.001	0.001	0	0.001
	结构效应	0.007	-0.020	0.012	-0.001	0.057	-0.025	0	-0.006	0.002	0.003
	老品竞争	0.034	-0.005	-0.033	0.001	-0.032	-0.031	-0.002	-0.005	0.020	-0.006
	总效应	0.042	-0.024	-0.021	0.005	0.025	-0.056	-0.001	-0.010	0.022	-0.002
增长率（%）	新品竞争	2.12	0.49	1.05	6.98	1.05	0.47	1.64	2.08	0.97	1.87
	结构效应	8.45	-16.28	11.92	-1.72	70.16	-23.85	-0.65	-12.43	4.32	4.44
	老品竞争	42.86	-3.98	-34.19	1.12	-39.79	-29.04	-3.43	-10.30	50.72	-2.89
	总效应	53.42	-19.76	-21.22	6.38	31.41	-52.42	-2.44	-20.66	56.01	3.41

注：年均为前 9 年效应的简单平均数。

数据来源：作者根据 UN-Comtrade 数据以及公式（1-6）计算而得。

从表 13.7 中可以看出：（1）平均而言，从总效应看 2013—2021 年阿尔巴尼亚产品在中国进口市场份额变化不大，2013 年、2016 年、2017 年和 2021 年实现正的增长，其余年份略有缩减，平均而言绝对量稍有下降。从增长率的角度来看，2013 年较上年增长 53.42%，2021 年增长 56.01%，平均而言增长率为 3.41%。（2）从结构分解来看，总市场份额的增加主要来自新产品的不断进入和结构效应，这一点与中国产品在阿尔巴尼亚市场的表现相同，说明阿尔巴尼亚产品在中国市场份额的增加主要依靠合理的产品结构，以及新产品市场竞争力的不断提升。但是老产品的竞争力下降，是导致阿尔巴尼亚产品在中国市场份额总体有所下降的主要原因。

第四节　本章小结

通过上述对中阿双边货物贸易结构和绩效进行分析，我们可以看到中阿两国近十年来双边贸易增长较为迅速，超过同期阿尔巴尼亚对世界的贸易增速，表明双边贸易发展趋势良好，中国正越来越成为阿方的重要贸易伙伴。然而，在良好趋势的背后也存在一定的贸易不平衡现象，主要是阿方产品在中国市场份额增长得较为缓慢，这与阿方出口贸易结构较为单一、工业基础较为薄弱有关。用联合国贸易统计数据库的所有三大类货物贸易分类方法：经济大类（BEC）、国际贸易标准分类（SITC）和海关编码分类（HS）分析双边贸易结构发现，中阿双边贸易互补性强，中国主要向阿尔巴尼亚出口具有比较优势的劳动密集型产品和资本技术密集型产品，而阿尔巴尼亚则主要向中国出口资源密集型产品。

通过二元边际分析发现，近年来中国产品出口阿尔巴尼亚的市场份额增加主要来自深度边际的上升，而阿方出口对华增长则主要来自广度边际的扩展，双方贸易产品结构变化较大。通过恒定市场份额分析（CMSA）发现双边贸易的老品竞争力有待提升，即除开拓新品市场空间外，如何拓展现有产品细分市场也是双方亟须思考的问题。

第十四章

中国—北马其顿双边贸易结构与绩效分析

第一节 双边贸易概况

北马其顿原名“前南斯拉夫马其顿共和国”，于 2019 年 2 月正式更名为“北马其顿共和国”，位于东南欧半岛中部，东邻保加利亚，西接阿尔巴尼亚，南连希腊，北与塞尔维亚为邻。国土面积为 25713 平方公里，多山地，人口约为 207 万。境内铁、铅、锌、铜等资源较为丰富。北马其顿是北约成员国和欧盟候选国，1993 年与中国建立外交关系以来，特别是近年来，两国在政治、经贸、文化、医药、旅游等领域关系日益密切。目前，中国已成为北马其顿在欧洲以外的第 1 大贸易伙伴①。

2012—2021 年中国在北马其顿的贸易伙伴国地位从第 7 位上升到了第 5 位，位于希腊之后。2021 年北马其顿前 4 大贸易伙伴国德国、英国、塞尔维亚和希腊占其对外贸易额的 50. 59%；中国为其第 5 大贸易伙伴，欧洲外第 1 大贸易伙伴，占其贸易额的 4. 82%。

近年来，中马经贸合作快速增长。从中国的视角看，2012 年双边贸易总额为 2. 28 亿美元，到 2021 年双边贸易总额达到了 5. 95 亿美元，2012—2021

① 商务部国际贸易经济合作研究院、中国驻北马其顿大使馆经济商务处、商务部对外投资和经济合作司:《对外投资合作国别（地区）指南——北马其顿》（2021 版）。

年年均增速高达 11.24%。从北马其顿的视角看，2012 年双边贸易总额为 5.34 亿美元，到 2021 年双边贸易总额达到了 9.44 亿美元，2012—2021 年年均增速为 6.54%，高于这一时期中国在全球的贸易总额年均增速 5.09%，与北马其顿同时期年均增速 7.12%基本持平。双边贸易发展较为迅速一方面得益于双边经济增长均快于全球平均水平而产生的贸易引致效应，但更主要的是得益于中国—中东欧合作机制带来的双边经贸关系的日益密切。

2012—2021 年中国—北马其顿双边贸易发展趋势可以用双边货物贸易指数及货物贸易平衡度来表示，如图 14.1 所示。

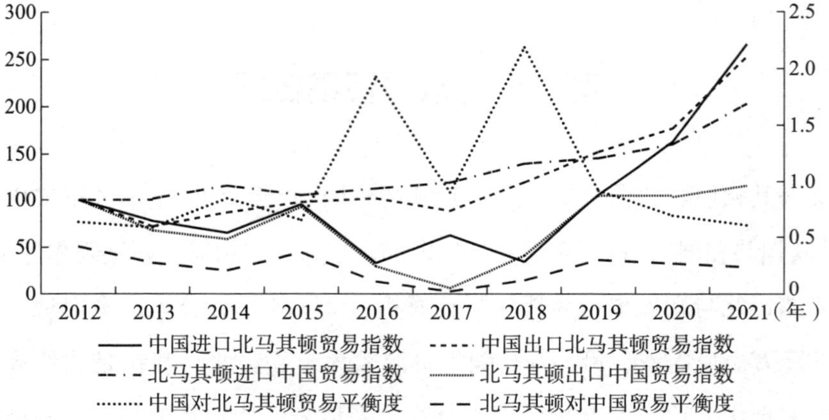

图 14.1 中国—北马其顿双边货物贸易指数及平衡度（%）

注：1. 进出口贸易指数均以 2012 年为基年（2012 年指数＝100）；

2. 贸易平衡度等于出口额与进口额的比值；

3. 贸易平衡度指标采用右侧坐标，其余 4 条线均为左侧坐标。

数据来源：作者根据 UN-Comtrade 数据计算而得。

从图 14.1 中可以看出：（1）2012—2021 年，大部分年份中国进口北马其顿贸易指数低于出口北马其顿贸易指数，表明中国出口增长高于进口。但从 2020 年开始，中国进口北马其顿贸易指数反超中国出口北马其顿贸易指数，两个指数的差距缩小。（2）从北马其顿角度看，北马其顿出口中国贸易指数始终低于进口中国贸易指数，且一直低于 2012 年的初期水平。特别是 2015—2019 年，北马其顿出口中国贸易指数与进口中国贸易指数差距较大，表明北马其顿对中国的贸易逆差有扩大趋势，但2019年之后差距逐步收窄。（3）从贸易平衡度来看，中国对北马其顿贸易整体表现为顺差，贸易平衡度在2016年和2018年高达2倍左右，2019年之后逐步降低至0.6倍左右，表明双边贸易平衡度在下降。用中方统计数据看，2012—2021年中国出口北马其顿贸易额是进口额的平均约1.04倍；用北马其顿统计数据看，2012—2021年北马其顿进口中国贸易额是出口中国的平均约8.96倍。可见双方统计口径存在很大不同，导致对贸易平衡度的认识也有很大差异。

第二节 双边出口贸易结构

一、经济大类视角下的出口结构变化趋势

中国—北马其顿双边货物出口贸易结构变化如表14.1所示。

表14.1 中国—北马其顿双边货物出口贸易结构（按经济大类） 单位:%

产品类别 \ 年份 \ 贸易伙伴	中国出口北马其顿产品			北马其顿出口中国产品		
	2012年	2019年	2021年	2012年	2019年	2021年
消费品占比	21.87	19.11	17.98	0.71	1.89	1.08
中间品占比	19.50	46.83	55.59	99.22	98.03	97.67
资本品占比	58.61	32.01	24.73	0.07	0.07	1.13
广泛用途占比	0.01	2.05	1.70	0	0.02	0.12

数据来源：作者根据UN-Comtrade数据计算而得。

从表14.1中可以看出：（1）2012年中国出口北马其顿的产品结构中资本品占比约为60%，消费品和中间品各占约20%，资本品是中国出口北马其顿的第一大类产品；2021年，资本品比重下降至仅占24.73%，中间品比重上升至55.59%，消费品比重亦小幅下降至17.98%。中间品取代资本品成为中国出口北马其顿的第一大类产品，出口结构发生了较大变化。（2）同期，北马其顿出口中国的产品大类结构几乎没有变化，中间品还是北马其顿出口中国

的绝对第一大类产品，占比高达97.67%，比2012年降低1.55个百分点。消费品和资本品比重上升，特别是资本品占比从2012年的0.07%上升至2021年的1.13%。表明北马其顿对华出口贸易结构虽然仍旧非常集中，但是集中度已经有下降趋势，消费品和资本品竞争力上升。（3）中国和北马其顿相互出口中间品，表明双方市场已经形成比较紧密的产业链供应链关系，北马其顿能够为中国提供生产所需的原材料半成品，同时中国企业在北马其顿的投资增加也进一步拉动了北马其顿对中国中间品的市场需求。

二、产品要素属性视角下的出口结构变化趋势

中国（北马其顿）出口到北马其顿（中国）的产品结构如表14.2所示。

表14.2　中国—北马其顿双边货物出口贸易结构（按要素门类）　单位：%

贸易伙伴 / 年份 / 产品类别	中国出口北马其顿产品			北马其顿出口中国产品		
	2012年	2019年	2021年	2012年	2019年	2021年
资源密集型产品占比	9.31	2.73	0.95	0.86	22.39	21.36
劳动密集型产品占比	14.97	30.11	28.10	98.42	76.59	75.74
资本技术密集型产品占比	75.72	67.16	70.95	0.72	1.02	2.89

数据来源：作者根据UN-Comtrade数据计算而得。

从表14.2中可以看出：（1）按要素分类，中国出口北马其顿的主要是资本技术密集型产品，2012—2021年虽然比重略有下降，但仍在70%左右。劳动密集型产品占比上升明显，从2012年的14.97%上升至2021年的28.10%；资源密集型产品下降至仅占0.95%。表明从比较优势的角度看，中国产品在资本技术密集型产品上相对于北马其顿具有比较优势，在资源密集型产品上具有比较劣势。（2）北马其顿出口中国产品主要集中在劳动密集型产品上，2012年占比高达98.42%，到2021年仍然占比高达75.74%。由于北马其顿劳动力资源丰富，素质较高且成本较低，因此其劳动密集型产品具有比较优势。虽然中国也是一个劳动力资源丰富的国家，但是近年来劳动力成本的上升，使得这一比较优势逐渐弱化。同时北马其顿自然资源丰富，资源密集型产品

是北马其顿出口中国的第二大类产品，十年来比重有所扩大，占比达21.36%。资本技术密集型产品仅占北马其顿出口中国的2.89%。（3）从双方的出口贸易结构比较来看，双边出口贸易结构存在明显的互补性。北马其顿资源密集型产品和劳动密集型产品相对于中方存在明显的比较优势，可以满足中方的相关需求，而中方资本技术密集型产品也正好弥补了北马其顿的市场短缺。

三、产业视角下的出口结构变化趋势

本书用双边出口七大类产品（HS2级编码分类）的结构变化，来替代在行业视角下双边出口结构的变化，如表14.3所示。

表14.3　中国—北马其顿双边货物出口产品结构　单位：%

贸易伙伴 \ 年份 \ 产品类别		农食产品占比	机电仪器和交通工具占比	化矿金属占比	纺织鞋帽占比	橡塑皮革占比	玩具钟表占比	木材纸张非金属占比
中国出口北马其顿	2012年	9.28	72.56	5.81	5.41	2.37	1.30	3.26
	2021年	0.94	54.99	18.81	7.57	5.50	6.42	4.13
北马其顿出口中国	2012年	0.66	0.45	98.55	0.07	0.26	0	0.01
	2021年	1.09	2.86	95.80	0	0.24	0.01	0.01

数据来源：作者根据UN-Comtrade数据计算而得。

从表14.3中可以看出：（1）与2012年相比，2021年中方出口北马其顿的商品种类更为分散，机电仪器和交通工具类仍是中国出口北马其顿的第一大行业产品，化矿金属类和纺织鞋帽类分别位列第二和第三，然后是玩具钟表类、橡塑皮革类和木材纸张非金属类等。农食产品比重下降较为明显。(2)与此同时，北马其顿对华出口结构则变化较小，主要出口产品为化矿金属类，占比高达95%以上，化矿金属类属于资源密集型和劳动密集型产品，亦属于中间投入品，极大地满足了中国的生产需要。与此同时，北马其顿对华出口的机电仪器和交通工具类比例也有一定的上升，从2012年的0.45%上升至2021年的2.86%，虽然绝对占比仍然很低，但是提升的幅度还是相当高的。表明北马其顿的出口贸易结构有了一定的优化升级。（3）比较双边出口贸易产品类别发现双方在彼此市场出口产品类别上相似性较低，说明竞争性较小，互补性较大。北马其顿为中方提供生产所需的化矿金属等初级产品，中方为北马其顿提供品类繁多的工业制成品，双方相互出口中间品，形成了较为稳定的产业链合作关系。

第三节　双边贸易绩效分析

一、市场绩效的二元边际分析

根据二元边际计算公式，采用（HS）六位编码计算得出的中国（北马其顿）出口产品在北马其顿（中国）进口市场的二元边际如表 14. 4 所示。

表 14. 4　2012—2021 年中北出口产品在彼此市场的二元边际　　单位：%

贸易伙伴 \ 二元边际指标 \ 年份		2012 年	2013 年	2014 年	2015 年	2016 年	2017 年	2018 年	2019 年	2020 年	2021 年
北马其顿产品在中国市场	广度	14. 54	19. 42	12. 93	16. 45	18. 29	13. 34	20. 60	13. 83	15. 24	14. 50
	深度	0. 05	0. 03	0. 04	0. 05	0. 02	0. 04	0. 01	0. 05	0. 07	0. 10
	份额	0. 008	0. 006	0. 005	0. 008	0. 003	0. 005	0. 002	0. 007	0. 011	0. 014
中国产品在北马其顿市场	广度	57. 36	61. 75	61. 40	64. 61	65. 81	65. 30	65. 54	63. 59	59. 30	58. 22
	深度	10. 02	9. 29	9. 66	9. 48	9. 47	8. 83	8. 82	9. 08	11. 61	11. 45
	份额	5. 75	5. 74	5. 93	6. 13	6. 23	5. 77	5. 78	5. 77	6. 88	6. 67

数据来源：作者根据 UN-Comtrade 数据计算而得。

从表 14. 4 中可以看出：（1）2012—2021 年，北马其顿在中国的市场份额均值比 2012 年缩减了 12. 06%，中国在北马其顿的市场份额均值比 2012 年增加了 5. 52%。当然这只是市场份额的相对值变化，绝对值方面由于两国的市场规模都是每年扩张的且中国和北马其顿的市场规模差别较大，因而从绝对值方面看中国和北马其顿产品均在对方进口市场取得了一定的绩效，特别是 2020 年和 2021 年增加较快。（2）中国产品在北马其顿进口市场的广度和深度均有较大提升，特别是广度边际，平均占比为 62. 29%，比 2012 年提升

8.59%。深度边际平均占比为9.77%，比2012年降低2.48%。表明中国产品覆盖马其顿进口产品种类超过60%，但是每一种产品种类中国占比仅在10%左右，市场份额的扩大主要来自新产品的进入。（3）北马其顿产品在中国进口市场的广度和深度也有所提高，特别在广度方面提升幅度较大，十年来平均值为15.91%，而深度的平均值为0.045%。表明北马其顿近年来对中国市场份额的扩大主要是依靠新增产品的进入，但是在现有产品的市场竞争力方面还有待提高。

二、双边贸易互补性分析

采用海关国际通用编码（HS）两位码计算而得的中国对北马其顿贸易互补性，以及北马其顿对中国贸易互补性如表14.5所示。

表14.5　2012—2021年中北贸易的互补性

年份 贸易伙伴	2012年	2013年	2014年	2015年	2016年	2017年	2018年	2019年	2020年	2021年
中国出口对北马其顿进口	0.435	0.464	0.485	0.489	0.504	0.503	0.512	0.501	0.503	0.509
北马其顿出口对中国进口	0.330	0.325	0.383	0.402	0.418	0.451	0.457	0.463	0.468	0.458

数据来源：作者根据UN-Comtrade数据计算而得。

从表14.5中可以看出：（1）2012—2021年中国对北马其顿的贸易互补性稳步上升，2021年达到0.509，较2012年上升17.01%，表明中国的产品供给能够较好地满足北马其顿的需求，这在一定程度上解释了中国对北马其顿出口年均10.85%的增长率。（2）同期，北马其顿对中国的贸易互补性也有所上升，2021年为0.458，较2012年上升38.8%，表明北马其顿产品与中国市场需求的匹配度上升，使得北马其顿对中国的出口增长很快，达到年均1.61%。（3）通过对中北双方的贸易互补性进行分析可知，中北双边贸易互补性近年来逐渐增强，双边供需的结构匹配度达到50%左右，双方贸易实现了合作共赢，因此双方贸易合作潜力巨大，有利于未来双边贸易的平衡健康发展。

三、恒定市场份额分析（CMSA）

根据前述方法计算而得的2013—2021年中国产品在北马其顿进口市场的CMSA逐年分解结果如表14.6所示。

表14.6　2013—2021年中国产品在北马其顿进口市场的CMSA逐年分解

视角	效应	2013年	2014年	2015年	2016年	2017年	2018年	2019年	2020年	2021年	年均
绝对量（0.1%）	新品竞争	1.36	1.73	2.48	1.58	0.49	0.42	0.79	0.37	0.57	1.09
	结构效应	2.31	1.84	2.40	46.3	−0.50	0.26	−0.67	7.32	2.16	2.20
	老品竞争	−3.80	−1.62	−2.91	−5.15	−4.66	−0.55	−0.21	3.44	−4.83	−2.25
	总效应	−0.13	1.95	1.97	1.06	−4.66	0.13	−0.09	11.13	−2.10	1.03
增长率（%）	新品竞争	2.36	3.02	4.19	2.57	0.79	0.74	1.37	0.63	0.83	1.83
	结构效应	4.02	3.21	4.04	7.56	−0.80	0.45	−1.16	12.69	3.14	3.68
	老品竞争	−6.61	−2.82	−4.91	−8.40	−7.47	−0.96	−0.36	5.96	−7.01	−3.62
	总效应	−0.23	3.41	3.32	1.73	−7.48	0.22	−0.15	19.28	−3.05	1.90

注：年均为前9年效应的简单平均数。

数据来源：作者根据UN-Comtrade数据以及公式（1-6）计算而得。

从表14.6中可以看出：（1）从总的效应看，2013—2021年中国产品在北马其顿的市场份额年均增长绝对量为0.1%，其中2020年增长幅度达到1.11%，表明中国产品在北马其顿市场的总体竞争力在不断提升。（2）从三种效应对综合竞争力的贡献看，来自结构效应的贡献最大，且在绝大多数年份结构效应都是正数，这表明在此期间中国出口北马其顿的产品多数年份非常适应北马其顿进口市场需求的变化，大部分产品集中在北马其顿进口增长较快的细分市场上。（3）新品竞争力对总体市场份额的增长平均达到了每年增加0.11%的水平，表明中国每年都有新产品进入北马其顿市场。（4）老品竞争力效应则为负数，对总效应的贡献为−0.1%，表明中国原有的出口产品在北马其顿市场上增长后劲不足，逐渐丧失竞争力，这与之前的二元边际分析中中国出口产品增长主要来自广度边际相符。

同理，根据公式以及我们的分类和分期方法计算而得的2013—2021年北马其顿产品在中国进口市场的CMSA逐年分解结果如表14.7所示。

表14.7　2013—2021年北马其顿产品在中国进口市场的CMSA逐年分解

视角	效应	2013年	2014年	2015年	2016年	2017年	2018年	2019年	2020年	2021年	年均
绝对量（0.01%）	新品竞争	0	0	0.002	0.003	0.003	0.002	0	0.007	0	0.002
	结构效应	-0.029	0.025	0.026	0.005	0.004	-0.007	0.002	0.022	-0.001	0.005
	老品竞争	0.007	-0.035	0.005	-0.058	0.011	-0.020	0.046	0.010	0.030	0
	总效应	-0.021	-0.009	0.033	-0.050	0.018	-0.024	0.048	0.039	0.029	0.007
增长率（%）	新品竞争	0.45	0.77	4.13	3.55	9.13	5.15	1.30	9.80	0.11	3.82
	结构效应	-37.50	45.04	55.12	6.51	14.38	-15.57	9.61	31.26	-1.16	11.97
	老品竞争	9.16	-62.31	11.63	-72.83	36.34	-41.38	201.20	14.11	27.03	13.66
	总效应	-27.89	-16.50	70.88	-62.77	59.85	-51.81	212.20	55.18	25.97	29.45

注：年均为前9年效应的简单平均数。

数据来源：作者根据UN-Comtrade数据以及公式（1-6）计算而得。

从表14.7中可以看出：（1）从总的效应看，2013—2021年北马其顿产品在中国的市场份额年均增长绝对量为0.0007%，增长率平均为29.45%，可以看到各年份之间起伏较大，2013年和2014年为负增长，2015年增长率为70.88%。2018年负增长51.81%，2019年增长率高达212.2%。可见由于北马其顿国内市场规模较小，较易受外部环境的影响。（2）从绝对量的角度来看，总市场份额的增加主要贡献来自结构效应的提升，平均贡献达71.4%。可见北马其顿出口中国的产品主要分布在中国需求快速增长的部门，因而市场份额不断扩大；新产品的进入也是北马其顿市场份额提升的重要来源，而老产品的竞争力效应则几乎没有变化。（3）从CMSA结构分解可以看出，近十年来北马其顿产品在中国的增长较为迅速，且供给结构与中国的需求结构非常匹配，双边合作互补性强，显示出强大的发展潜力。

第四节　本章小结

通过上述对中北双边货物贸易结构和绩效进行分析，我们可以看到中北两国近十年来双边贸易增长较为迅速，表明双边贸易发展趋势良好，中北双方正越来越成为各自的重要贸易伙伴。更为重要的是，双边贸易趋于平衡，北马其顿对中国的贸易逆差逐渐缩小。用联合国贸易统计数据库的所有三大类货物贸易分类方法：经济大类（BEC）、国际贸易标准分类（SITC）和海关编码分类（HS）分析双边贸易结构发现，中北双边贸易互补性强，中国主要向北马其顿出口具有比较优势的劳动密集型产品和资本技术密集型产品，而北马其顿则主要向中国出口劳动密集型产品。

通过二元边际分析发现，双边贸易增长主要来自广度边际，表明在“一带一路”倡议和中国—中东欧合作框架的引领下，双边合作越来越紧密，越来越多的新产品进入各自的市场，在广度已经达到一定程度以后，市场份额的获得主要靠提高市场深度来完成。通过恒定市场份额分析（CMSA）发现北马其顿对中国出口份额的增加主要来自结构效应和新品竞争力，其中结构效应非常大，表明北马其顿出口贸易结构非常符合中方的进口需求。而中方出口北马其顿产品也主要来自新品竞争力效应和结构效应，表明中方在开拓北马其顿市场方面卓有成效，但是如何保持现有产品的市场份额和竞争力，是中国企业需要思考的问题。

第十五章

双边出口贸易结构比较分析

中国—中东欧合作机制建立于 2012 年。在合作机制的促进下，双边货物贸易经过十年发展取得了巨大的成就，2021 年中国与中东欧 14 国总体贸易额达到了 2012 年的 2.5 倍，年均增速高达 11.9%，既远超同期中国对全球贸易年均 5.1%的增长水平，也远超中东欧 14 国总体对全球贸易年均增长 5.0%的速度[①]。就中东欧具体国别而言，因其经济体量、市场规模以及与中国经贸关系的不同而表现出同中国双边贸易发展的较大异质性。本章将分别从要素、经济大类和产业大类视角对中国与中东欧 14 国双边出口贸易结构进行比较分析。

第一节　要素视角下的出口结构

根据国际贸易标准分类方法（SITC）可以粗略地把出口产品划分为资源密集型（或初级产品）、劳动密集型和资本技术密集型产品，据此 2012—2021 年中国出口到中东欧 14 国的产品结构如表 15.1 所示。

① 2012 年 4 月 26 日，中国—中东欧合作机制宣告建立。建立之初，参与的中东欧国家有 16 个（按地理位置从北到南、从西到东排序）：爱沙尼亚、拉脱维亚、立陶宛、波兰、捷克、斯洛伐克、匈牙利、罗马尼亚、斯洛文尼亚、克罗地亚、塞尔维亚、保加利亚、黑山、波黑、北马其顿和阿尔巴尼亚。2019 年 4 月 12 日，第八次中国—中东欧国家领导人会晤在克罗地亚杜布罗夫尼克举行，与会各方欢迎希腊作为正式成员加入中国—中东欧合作机制（增至 17 国）。2022 年受欧洲地缘政治冲突和新冠肺炎疫情的影响，立陶宛、爱沙尼亚和拉脱维亚相继退出中国—中东欧合作机制（减至 14 国）。

表 15.1　按要素划分的中国出口中东欧 14 国贸易结构　单位:%

中国出口	2012 年			2021 年		
	资源密集	劳动密集	资本技术密集	资源密集	劳动密集	资本技术密集
阿尔巴尼亚	4.10	66.30	29.61	1.73	56.86	41.41
波黑	6.35	30.58	63.07	1.90	40.27	57.83
保加利亚	4.06	39.81	56.13	3.24	39.27	57.49
克罗地亚	3.23	67.51	29.26	1.55	48.05	50.40
捷克	0.91	17.88	81.21	0.57	15.58	83.85
希腊	5.82	43.24	50.94	1.27	61.27	37.46
匈牙利	0.25	24.61	75.14	0.30	30.97	68.73
黑山	32.35	15.13	52.52	3.77	46.05	50.18
北马其顿	9.31	14.97	75.72	0.95	28.10	70.95
波兰	2.65	49.86	47.48	1.03	42.45	56.52
罗马尼亚	3.72	49.99	46.29	2.04	38.00	59.96
塞尔维亚	2.42	45.34	52.24	0.43	30.97	68.60
斯洛伐克	0.37	44.12	55.51	0.48	24.93	74.58
斯洛文尼亚	2.08	54.24	43.68	1.17	34.23	64.60
中东欧 14 国	2.41	40.17	57.42	1.02	37.49	61.49

资料来源：作者根据 UN-Comtrade 数据计算而得。

从表 15.1 中可以看出：（1）2012—2021 年中国对中东欧 14 国出口总体上以劳动密集型产品和资本技术密集型产品为主，其中中国出口总额中资本技术密集型产品占比上升了 4.1 个百分点，这表明中国出口中东欧国家的结构得到了明显的优化，高附加值出口产品比值稳步提升，资源密集型产品和劳动密集型产品占比则有所下降。（2）中国对多数中东欧国家出口贸易结构得到了优化，但在 14 个中东欧国家间也表现出了较大的异质性，资本技术密集型产品比重上升或者说出口贸易结构优化程度，按数据大小排序分别为克罗地亚、斯洛文尼亚、斯洛伐克、塞尔维亚、罗马尼亚、阿尔巴尼亚、波兰和捷克等 8 国，其中中国对克罗地亚出口的资本技术密集型产品占比提升 21 个百分点，这主要归功于对克罗地亚出口的电气机械、仪器及零件（SITC77）、电信与音响设备（SITC76），以及工业机械设备（SITC74），2021 年三类产品出口总额分别达到3.07亿美元、1.82亿美元和1.6亿美元，较2012年分别增长近5倍、3倍和1.5倍。(3) 中国对中东欧出口贸易结构变差（或者说资本技术密集型产品贸易占比下降）的国家依次为希腊、匈牙利、波黑、北马其顿和黑山等5国，其中中国对希腊出口的资本技术密集型产品占比下降了13.5个百分点，这主要是由中国对希腊出口的劳动密集型产品大规模增长造成的，同期对希腊出口的劳动密集型产品占比超过61%，提高了18个百分点，2021年对希腊出口的鞋子（SITC85）和预制建筑物与照明装置（SITC81）总额分别达到6.83亿美元和4.36亿美元，较2012年分别增长5倍和6.3倍。

表15.2　按要素划分的中东欧14国出口中国贸易结构　单位:%

中东欧14国出口	2012年			2021年		
	资源密集	劳动密集	资本技术密集	资源密集	劳动密集	资本技术密集
阿尔巴尼亚*	98.03	0.23	1.74	80.58	1.77	17.64
保加利亚	18.29	77.15	4.56	29.52	58.44	12.04
北马其顿	0.86	98.42	0.72	21.36	75.74	2.89
波黑	34.33	29.88	35.79	77.95	17.58	4.47
波兰	11.51	51.57	36.92	11.73	46.61	41.66
黑山	94.56	1.70	3.74	37.59	61.51	0.90
捷克	8.02	24.96	67.02	11.46	24.35	64.19
克罗地亚	34.22	48.90	16.87	53.90	19.28	26.82
罗马尼亚	40.95	15.89	43.16	21.43	36.37	42.19
塞尔维亚	15.31	69.89	14.80	59.91	35.39	4.69
斯洛伐克	0.47	5.17	94.36	2.07	5.33	92.60
斯洛文尼亚	11.40	17.32	71.28	11.07	29.23	59.70
希腊	82.84	7.43	9.73	73.54	4.25	22.21
匈牙利	2.55	13.47	83.97	3.05	22.95	74.00
中东欧14国	13.48	28.14	58.38	20.26	28.20	51.54

注：*表示阿尔巴尼亚2021年的数据缺失，这里使用的是其2020年度的数据。

资料来源：作者根据UN-Comtrade数据计算而得。

从表15.2中可以看出：(1) 相较于2012年，2021年中东欧14国对中国出口总体上仍以资本技术密集型产品为主，但对华出口总额中资本密集型产品占比下降了 7 个百分点，这表明中东欧国家对华的出口结构在一定程度上有所恶化，高附加值出口产品比值下降，而低附加值的初级产品出口占比则上升。(2) 14 个中东欧国家对华出口结构表现出了较大的异质性，工业基础较好的斯洛伐克、匈牙利和捷克等 3 国对中国出口的资本技术密集型产品占比均超过 60%，斯洛伐克更是高达 92.6%，而阿尔巴尼亚、波黑和希腊等 3 国对华出口中资源密集型产品占据绝对主导地位，占比均超过 70%。(3) 仅有少数中东欧国家对华出口贸易结构得到了优化，资本密集型产品比重上升或者说出口贸易结构优化程度，按数据大小排序分别为阿尔巴尼亚、希腊、克罗地亚、保加利亚、波兰和北马其顿等 6 国，其中阿尔巴尼亚对中国出口的资本密集型产品占比提升近 16 个百分点，这主要归功于对华出口的特殊交易商品（SITC93）在 2021 年出口总额激增至 812.4 万美元。(4) 中东欧对中国出口贸易结构变差（或者说资本密集型产品贸易占比下降）的国家依次为波黑、斯洛文尼亚、塞尔维亚、匈牙利、黑山、捷克、斯洛伐克和罗马尼亚等 8 国，其中波黑对华出口的资本技术密集型产品占比下降了 31.3 个百分点，这主要是由波黑对华出口的资源密集型产品大规模增长造成的，2021 年波黑出口的资源密集型产品占比高达 77.95%，较 2012 年提高了 43.6 个百分点，同年波黑对华出口的软木与木材（SITC24）总额达到 0.16 亿美元，较 2012 年增长 7.5 倍。

第二节　经济大类视角下的出口结构

为考察 2012—2021 年中国与中东欧 14 国双边出口结构是否得到了优化，这里采用了联合国贸易统计数据库的经济大类（BEC）分类方法。用经济用途分类考察双边贸易结构的好处在于，该结构说明了贸易品的用途是消费还是生产。一般来讲，用于生产的中间品和资本品贸易总额占比越高，就表明双边经济在生产领域的关系越密切，进而贸易结构就越优。本节使用 2012 年和 2021 年中国—中东欧国家双边货物出口结构的对比来估计这一期间出口结构的变化，如表 15.3 所示。

表 15.3　经济大类视角下的中国出口中东欧 14 国产品结构　单位:%

中国出口	2012 年				2021 年			
	消费品	中间品	资本品	广泛用途	消费品	中间品	资本品	广泛用途
阿尔巴尼亚	35.57	48.97	15.46	0	30.90	49.63	18.20	1.27
保加利亚	26.05	53.59	19.79	0.58	19.08	52.36	27.46	1.10
北马其顿	21.87	19.50	58.61	0.01	17.98	55.59	24.73	1.70
波黑	29.53	26.25	44.22	0	21.15	49.36	28.87	0.62
波兰	29.25	40.02	30.62	0.11	24.22	44.89	29.92	0.98
黑山	23.96	29.15	46.89	0	23.16	60.19	9.52	7.40
捷克	14.54	39.24	46.17	0.05	10.47	32.88	56.11	0.55
克罗地亚	56.87	33.14	9.82	0.17	29.98	44.97	24.09	1.17
罗马尼亚	28.99	43.32	27.68	0.01	19.79	51.30	27.95	0.97
塞尔维亚	36.49	33.24	30.27	0	13.90	46.41	39.37	0.33
斯洛伐克	14.92	30.00	55.08	0	9.30	61.38	28.35	0.97
斯洛文尼亚	35.73	47.77	16.48	0.02	29.19	43.74	17.58	9.49
希腊	31.91	34.66	29.27	4.16	44.90	34.06	20.06	1.50
匈牙利	9.44	49.27	41.27	0.02	12.18	54.60	32.36	0.86
中东欧 14 国	24.38	40.74	34.42	0.46	22.24	44.20	32.13	1.43

资料来源：作者根据 UN-comtrade 数据计算而得。

从表 15.3 中可以看出：（1）2012—2021 年中国对中东欧 14 国出口总体上以中间品和资本品为主，且贸易结构略有优化——出口贸易总额中消费品占比下降了 2.1 个百分点，而表示产业关联的中间品比重则上升了 3.5 个百分点，表明双边产业链关联度进一步深化，广泛用途类产品占比略有上升。（2）中国对多数中东欧国家出口贸易结构得到了优化，但在 14 个中东欧国家间也表现出了较大的差异，消费品比重下降或者说双边贸易结构优化程度，按数据大小排序分别为克罗地亚、塞尔维亚、罗马尼亚、波黑、保加利亚、斯洛文尼亚、斯洛伐克、波兰、阿尔巴尼亚、捷克、北马其顿和黑山等 12 国，而出口贸易结构变差（或者说消费品贸易占比提高）的国家为希腊和匈牙利 2 国。（3）到 2021 年，中国对除希腊外的所有中东欧国家出口贸易中与生产有关的贸易均超过了六成，特别是同工业基础比较好的捷克、斯洛伐克和匈牙利等国，用于生产的贸易品占比在 90%左右，这表明双边生产体系关联程度正在逐步增强，双边产业关联的深化更多地表现为中东欧国家生产体系对中国中间品和资本品的依赖不断强化，预计随着双边合作机制的不断完善，这一发展趋势还会进一步延续下去。

表 15.4　经济大类视角下中东欧 14 国出口中国的产品结构　　单位：%

中东欧 14 国出口	2012 年				2021 年			
	消费品	中间品	资本品	广泛用途	消费品	中间品	资本品	广泛用途
阿尔巴尼亚*	0.21	99.17	0.62	0	0.06	82.14	0	17.80
保加利亚	1.36	97.30	1.32	0.03	2.89	91.21	5.85	0.06
北马其顿	0.71	99.22	0.07	0	1.08	97.67	1.13	0.13
波黑	23.19	46.12	30.36	0.32	5.78	93.72	0.50	0
波兰	9.56	77.81	12.39	0.25	14.20	68.54	17.20	0.09
黑山	30.42	67.68	1.90	0	31.60	48.45	19.95	0
捷克	6.43	61.71	30.96	0.90	4.08	64.87	30.92	0.13
克罗地亚	28.99	62.89	8.08	0.04	6.06	71.73	22.20	0.02
罗马尼亚	3.35	84.95	11.51	0.20	3.45	79.24	17.13	0.21
塞尔维亚	75.14	11.73	12.45	0.68	2.58	95.00	2.41	0
斯洛伐克	2.80	7.24	9.16	80.80	1.93	14.84	6.52	76.72
斯洛文尼亚	7.40	67.38	25.16	0.07	10.77	62.65	23.41	5.02
希腊	5.35	65.87	0.39	28.39	7.66	44.45	9.18	38.70
匈牙利	2.19	72.82	22.37	2.63	10.60	50.71	22.20	16.65
中东欧 14 国	5.02	61.98	15.46	17.53	6.85	59.08	16.12	17.96

注：*表示阿尔巴尼亚 2021 年的数据缺失，这里使用的是其 2020 年度的数据。

资料来源：作者根据 UN-Comtrade 数据计算而得。

从表 15.4 中可以看出：（1）2012—2021 年中东欧 14 国对中国的出口总体上以中间品和资本品为主，且贸易结构略有恶化——出口贸易总额中消费品占比上升了 1.8 个百分点，而表示产业关联的中间品比重则下降了 3 个百分点，表明中国对中东欧整体的产业链依赖弱化，资本品和广泛用途类产品占比变化不明显。（2）14 个中东欧国家对华出口结构表现出了较大的异质性，部分中东欧国家对华出口贸易结构得到了优化，消费品比重下降或者说出口贸易结构优化程度，按变化大小排序分别为塞尔维亚、克罗地亚、波黑、捷克、斯洛伐克和阿尔巴尼亚等 6 国，其中塞尔维亚对华出口中消费品占比骤降至不足 3%，同时中间品出口占比则升至 95%，这主要归功于初级（BEC21）和加工工业用品（BEC22）出口额的剧增，2021 年以上两类商品对华出口分别达到 5.2 亿美元和 3.67 亿美元。（3）中东欧国家对中国出口贸易结构变差（或者说消费品贸易占比提高）的国家依次为匈牙利、波兰、斯洛文尼亚、希腊、保加利亚、黑山、北马其顿和罗马尼亚等 8 国，其中匈牙利对华出口中消费品占比提高超过 8 个百分点，这主要是由于半耐用（BEC62）和非耐用消费品（BEC63）出口大幅增加，2021 年两类商品出口额分别达到 1.55 亿美元和 0.68 亿美元，较 2012 年分别增长 11 倍和 8 倍。

第三节　产业大类视角下的出口结构

按海关（HS）2 级编码分类出口产品可以划分为 98 个子行业，即使是按大类划分也要划分为 22 个大类，不方便在书中展示，为简化表格同时不失出口结构在行业层面展现的主要特征，本节用双边出口七大类产品（HS2 级编码分类）的结构变化，来替代在行业视角下双边出口结构的变化，2012 年和 2021 年中国出口到中东欧 14 国的产品结构如表 15.5、表 15.6 所示。

表 15.5　2012 年产业大类视角下中国出口中东欧 14 国产品结构　单位:%

2012 年中国出口中东欧国家	农食产品	机电仪器和交通工具	化矿金属	纺织鞋帽	橡塑皮革	玩具钟表	木材纸张非金属
阿尔巴尼亚	3. 89	24. 54	18. 15	13. 66	12. 23	12. 61	14. 92
保加利亚	3. 09	49. 30	15. 19	13. 30	5. 39	7. 62	6. 10
北马其顿	9. 28	72. 56	5. 81	5. 41	2. 37	1. 30	3. 26
波黑	6. 26	62. 97	4. 71	6. 92	4. 01	7. 21	7. 92
波兰	2. 25	53. 86	10. 91	14. 29	5. 36	9. 16	4. 19
黑山	3. 16	53. 62	9. 86	9. 50	11. 55	6. 44	5. 87
捷克	0. 68	82. 58	3. 97	6. 32	1. 89	3. 41	1. 16
克罗地亚	2. 54	20. 17	13. 39	42. 46	9. 86	6. 53	5. 05
罗马尼亚	2. 01	49. 08	12. 18	18. 68	5. 50	6. 89	5. 65
塞尔维亚	2. 37	47. 55	11. 73	19. 89	5. 61	7. 49	5. 36
斯洛伐克	0. 26	81. 47	4. 83	7. 75	1. 80	2. 78	1. 10
斯洛文尼亚	1. 15	36. 27	20. 96	21. 84	7. 14	8. 10	4. 54
希腊	1. 68	49. 00	17. 52	14. 02	5. 15	8. 22	4. 41
匈牙利	0. 23	88. 94	3. 17	3. 44	1. 47	2. 18	0. 56
中东欧 14 国	1. 52	63. 86	9. 08	11. 98	4. 13	6. 22	3. 21

资料来源：作者根据 UN-Comtrade 数据计算而得。

表 15.6　2021 年产业大类视角下中国出口中东欧 14 国产品结构　单位:%

2021 年中国出口中东欧国家	农食产品	机电仪器和交通工具	化矿金属	纺织鞋帽	橡塑皮革	玩具钟表	木材纸张非金属
阿尔巴尼亚	1. 54	33. 80	16. 65	16. 32	10. 41	12. 51	7. 88
保加利亚	2. 49	53. 98	11. 21	11. 42	5. 07	11. 00	3. 90
北马其顿	0. 94	54. 99	18. 81	7. 57	5. 50	6. 42	4. 13
波黑	1. 64	46. 24	21. 77	12. 78	8. 26	6. 87	2. 01
波兰	0. 76	57. 44	13. 16	10. 14	4. 37	10. 52	2. 80
黑山	2. 35	27. 00	35. 37	7. 93	13. 09	8. 29	4. 32
捷克	0. 52	83. 96	5. 37	3. 37	2. 13	3. 38	0. 77

续表

2021 年中国出口中东欧国家	农食产品	机电仪器和交通工具	化矿金属	纺织鞋帽	橡塑皮革	玩具钟表	木材纸张非金属
克罗地亚	1.02	44.77	19.75	10.73	5.60	13.20	4.35
罗马尼亚	1.70	61.72	10.49	7.96	4.88	9.15	3.59
塞尔维亚	0.38	64.34	18.80	6.36	4.49	3.20	2.17
斯洛伐克	0.30	85.29	6.34	2.61	1.94	2.03	0.59
斯洛文尼亚	0.54	56.56	16.26	8.22	4.71	10.07	3.35
希腊	0.69	34.79	9.13	35.29	5.38	11.25	3.13
匈牙利	0.29	76.09	9.41	4.53	3.40	4.17	1.33
中东欧 14 国	0.74	62.07	11.05	10.77	4.08	8.21	2.43

资料来源：作者根据 UN-Comtrade 数据计算而得。

从表 15.5 与表 15.6 中可以看出：（1）相较于 2012—2021 年中国对中东欧国家出口贸易的前三大产品的类别没有变化，但前三大产品集中度略有下降，且下降趋势主要体现在第一大贸易品（下降 1.8 个百分点），即机电仪器和交通工具类产品（HS84~93 章）上，表明该类市场竞争优势弱化，同时第二大类产品（纺织鞋帽类）占比下降 1.2 个百分点，其第二大贸易品的地位已让位于化矿金属类产品。（2）尽管中国出口中东欧整体产业大类基本没有变化，但 14 个中东欧国家间表现出了较大的差异，就前三大类产品而言，中国对黑山出口的机电仪器和交通工具类产品下降最多，降幅将近 30 个百分点，同时对克罗地亚和斯洛文尼亚同类产品出口增长超过 20 个百分点，与此相对，纺织鞋帽类商品对克罗地亚出口占比由 42.5%降至 10.7%，而同期对希腊出口则由 14.0%上升至 35.3%，表明该类商品在克罗地亚与希腊市场相对竞争优势出现截然相反的变化。（3）其他几类商品中，玩具钟表类产品竞争优势增强，2021 年从中国进口（中国出口）该类产品占比超过 10%的中东欧国家由 2012 年的阿尔巴尼亚仅一国，增加到如今包括克罗地亚、阿尔巴尼亚、希腊、保加利亚、波兰和斯洛文尼亚等 6 国，其中对于克罗地亚、希腊、波兰和斯洛文尼亚而言，玩具钟表类更是位居第三大类贸易品。

2012—2021 年中东欧 14 国出口到中国的产品结构如表 15.7、表 15.8 所示。

表 15.7 2012 年产业大类视角下中东欧 14 国出口中国产品结构 单位:%

2012 年中东欧 14 国出口中国	农食产品	机电仪器和交通工具	化矿金属	纺织鞋帽	橡塑皮革	玩具钟表	木材纸张非金属
阿尔巴尼亚	0.03	0.63	97.94	0.13	1.07	0.21	0
保加利亚	0.70	3.82	92.41	0.61	0.72	0.46	1.27
北马其顿	0.66	0.45	98.55	0.07	0.26	0	0.01
波黑	1.01	30.74	5.08	5.83	4.34	19.68	33.32
波兰	4.85	29.11	52.48	0.50	6.44	4.51	2.10
黑山	29.37	3.70	65.47	0	0	1.05	0.41
捷克	1.34	70.75	10.97	1.14	7.71	4.82	3.28
克罗地亚	3.06	11.72	17.16	1.43	37.86	10.04	18.72
罗马尼亚	1.31	35.22	33.47	1.36	7.34	1.29	19.95
塞尔维亚	10.86	16.03	2.16	55.79	4.14	5.46	5.45
斯洛伐克	0.02	94.00	1.45	1.83	0.88	1.44	0.38
斯洛文尼亚	0.86	58.56	15.28	1.02	17.00	3.91	3.32
希腊	4.27	1.06	63.39	16.21	5.20	0.13	3.76
匈牙利	0.63	87.71	5.83	0.14	3.08	1.36	1.23
中东欧 14 国	1.74	57.01	29.01	1.82	4.68	2.54	2.88

资料来源:作者根据 UN-Comtrade 数据计算而得。

表 15.8 2021 年产业大类视角下中东欧 14 国出口中国产品结构 单位:%

2021 年中东欧 14 国出口中国	农食产品	机电仪器和交通工具	化矿金属	纺织鞋帽	橡塑皮革	玩具钟表	木材纸张非金属
阿尔巴尼亚*	0.73	0.69	98.39	0.16	0	0	0.02
保加利亚	14.37	13.27	70.08	0.51	0.91	0.45	0.41
北马其顿	1.09	2.86	95.80	0	0.24	0.01	0.01
波黑	0.60	0.90	19.57	0.02	0.94	4.81	73.16
波兰	6.79	41.68	35.92	1.10	6.31	3.27	4.90

续表

2021 年中东欧 14 国出口中国	农食产品	机电仪器和交通工具	化矿金属	纺织鞋帽	橡塑皮革	玩具钟表	木材纸张非金属
黑山	30.53	20.86	40.16	0.86	0.53	0	7.06
捷克	1.48	68.63	6.89	0.40	6.23	5.69	10.68
克罗地亚	4.89	29.61	11.74	3.60	3.57	0.15	46.43
罗马尼亚	2.08	48.41	23.29	1.35	5.33	1.13	18.40
塞尔维亚	1.49	3.53	88.46	0.05	0.67	0.26	5.55
斯洛伐克	0.07	92.95	1.47	1.07	1.24	1.29	1.91
斯洛文尼亚	1.89	58.92	19.28	0.80	7.10	2.23	9.77
希腊	3.24	13.74	79.07	0.51	1.14	0.17	0.78
匈牙利	1.35	72.60	13.00	0.75	3.50	5.80	2.98
中东欧 14 国	3.48	51.80	31.35	0.78	3.75	2.82	5.88

注：* 表示阿尔巴尼亚 2021 年的数据缺失，这里使用的是其 2020 年度的数据。

资料来源：作者根据 UN-Comtrade 数据计算而得。

从表 15.7 与表 15.8 中可以看出：（1）相较于 2012 年，2021 年中东欧 14 国对中国出口贸易的前两大产品的类别没有变化，但前两大产品集中度略有下降，且下降趋势主要体现在第一大贸易品机电仪器和交通工具类产品上，出口占比下降近 5.21 个百分点，表明该类市场竞争优势弱化，同时第二大类产品（化矿金属类）占比上升 2.34 个百分点，其作为第二大贸易品的地位得到巩固，但木材纸张非金属类产品（HS44~49 章、HS68~70 章）占比翻了一番，取代橡塑皮革类产品（HS39~43 章）成为对华第三大类出口品。（2）尽管中东欧整体对华出口的产业大类基本没有变化，但 14 个中东欧国家间表现出了较大的差异，就第一大类产品而言，按照对华出口占比由高到低排序 14 国可分为 3 组，一组以机电仪器和交通工具类产品出口为主依次为斯洛伐克、匈牙利、捷克、斯洛文尼亚、罗马尼亚和波兰等 6 国，一组以化矿金属类产品出口为主依次为阿尔巴尼亚、北马其顿、塞尔维亚、希腊、保加利亚和黑山等 6 国，最后一组则为波黑和克罗地亚以出口木材纸张非金属类产品为主，表明中东欧各国相对竞争优势的差异。（3）考察期内波黑、克罗地亚和塞尔维亚3国出口结构发生了较大的变化，波黑和克罗地亚对华出口的木材纸张非金属类产品占比分别高达73.2%和46.4%，涨幅分别接近40个和30个百分点，同时塞尔维亚对华出口则由以纺织鞋帽类（55.8%）转为以化矿金属类（88.5%）产品为主，出口集中度进一步提高；同时，中国同斯洛伐克、捷克和匈牙利3国双边出口的机电仪器和交通工具类产品占比相当高（超过70%），表明中国与以上3国在该类产品上进行了较大规模的产业内贸易，并相互深刻参与该类产品的国际分工。

第十六章

双边出口市场绩效比较分析

中东欧国家连接亚洲和西欧，是“丝绸之路经济带”的关键枢纽，在数量上占“一带一路”所覆盖国家的四分之一，因地理位置及其与欧盟的关系，在“一带一路”国家中具有特殊的战略地位。我国高度重视同中东欧战略关系的建立，2015 年 11 月，我国制定了《中国—中东欧合作中期规划》。在经贸、农业、卫生、旅游等领域搭建起 20 多个机制化交流平台，提出了修建匈牙利至塞尔维亚铁路、“中欧陆海快线”、“三海港区合作”等多个重大倡议，推出了 200 多项具体举措①。中国从中东欧国家进口年均增长 10.8%②，双边贸易发展迅速。

本章从双边贸易绩效的角度，分析近 10 年来中国—中东欧双边贸易增长的来源，通过产品市场二元边际分析、中国—中东欧贸易互补性分析及恒定市场份额分析（CMSA）来考察贸易增长的成因。与前文一致，本章采用联合国贸易统计数据库中市场细分得最为详细的海关编码（HS）六位码分类。

---

① 《李克强在第八次中国—中东欧国家领导人会晤上的讲话（全文）》，新华网，2019 年 4 月 13 日。

② 根据联合国贸易统计数据库 UN-comtrade 数据计算。

第一节　二元边际分析视角下的市场绩效

一、中国出口中东欧 14 国的二元边际分析

边际分析的核心思想是通过市场广度和深度来刻画一国出口产品在其贸易伙伴国进口市场中的拓展模式，主要是通过拓展深度或广度而获得的。表 16.1 展示了中国出口中东欧 14 国产品根据 HS6 位编码计算得到的二元边际结构，由于篇幅限制，本书仅展示 2012 年、2015 年、2018 年和 2021 年四个年份的数据，从表中可以大致看出 2012—2021 年中国出口中东欧的产品二元边际变化情况。

表 16.1　中国出口中东欧 14 国的二元边际结构　　单位：%

中国出口中东欧 14 国	2012 年			2015 年			2018 年			2021 年		
	份额	广度	深度	份额	广度	深度	份额	广度	深度	份额	广度	深度
阿尔巴尼亚*	6.36	68.39	9.29	8.55	67.58	12.65	8.39	78.77	10.65	—	—	—
保加利亚	2.98	56.79	5.24	3.66	58.44	6.26	4.10	66.29	6.19	5.41	67.37	8.02
北马其顿	5.75	57.36	10.02	6.13	64.61	9.48	5.78	65.54	8.82	6.67	58.22	11.46
波黑	5.35	53.22	10.06	6.89	63.73	10.81	6.95	68.29	10.18	7.88	69.48	11.34
波兰	9.02	84.42	10.68	11.80	79.80	14.78	11.57	82.29	14.06	14.80	89.84	16.48
黑山	7.17	57.72	12.43	10.30	62.30	16.52	10.06	67.62	14.88	9.84	67.19	14.64
捷克	11.22	78.62	14.27	13.50	84.00	16.07	14.09	87.14	16.17	16.72	87.61	19.08
克罗地亚	7.14	67.49	10.58	2.81	56.31	4.99	3.39	60.81	5.57	3.60	63.06	5.71
罗马尼亚	3.83	69.35	5.52	4.59	77.83	5.89	5.32	77.40	6.88	5.48	75.63	7.25
塞尔维亚	7.32	70.39	10.40	8.46	75.70	11.17	8.37	75.89	11.04	12.31	81.70	15.06
斯洛伐克	6.39	76.65	8.34	8.85	77.76	11.38	5.97	80.47	7.41	7.28	82.25	8.85
斯洛文尼亚	5.45	68.75	7.93	6.45	76.48	8.44	6.23	79.96	7.79	12.86	84.67	15.19
希腊	4.71	48.61	9.69	5.99	54.44	11.00	6.51	58.17	11.19	7.67	75.78	10.12
匈牙利	5.74	72.50	7.92	5.26	76.59	6.87	5.43	79.18	6.86	7.06	81.27	8.69
中东欧 14 国均值	6.32	66.45	9.46	7.37	69.68	10.45	7.30	73.42	9.84	9.04	75.70	11.68

注：*表示阿尔巴尼亚 2021 年的统计数据缺失。

资料来源：作者根据 UN-comtrade 数据计算而得。

首先从市场份额来看，2012—2021 年中国在中东欧 14 国的总体市场份额是增长的，平均从 2012 年的 6.32%增加到 2021 年的 9.04%。从国别来看，2012 年，中国产品在中东欧国家占据市场份额最高的 5 个国家分别是捷克（11.22%）、波兰（9.02%）、塞尔维亚（7.32%）、黑山（7.17%）和克罗地亚（7.14%）；2021 年，中国产品在中东欧国家占据市场份额最高的 5 个国家分别是捷克（16.72%）、波兰（14.8%）、斯洛文尼亚（12.86%）、塞尔维亚（12.31%）和黑山（9.84%）。可以看到，近 10 年来，中国在克罗地亚市场的出口份额下滑明显，从 2012 年的 7.14%，排名中东欧国家第 5 名，下滑至 2021 年的 3.6%，排名最末。除克罗地亚以外，中国在中东欧国家的市场份额都实现了正增长。其中在斯洛文尼亚市场的增长幅度最大，从 2012 年的 5.45%，排名中东欧 14 国的第 10 名，增长至 2021 年的 12.86%，排名第 3 名，增长幅度达到 136%。

从出口增长的广度边际来看，2012—2021 年中国出口中东欧 14 国的广度边际平均从 66.45%增长至 75.70%，增幅为 13.92%，表明中国出口中东欧 14 国的产品种类贸易额占中东欧 14 国进口世界总额的份额上升。从国别来看，2012 年，中国出口中东欧 14 国的贸易增长广度边际最高的 5 个国家分别是波兰（84.42%）、捷克（78.62%）、斯洛伐克（76.65%）、匈牙利（72.5%）和塞尔维亚（70.39%），对希腊的出口增长广度边际最低，为 48.61%。2021 年，广度边际排名前 5 的国家分别是波兰（89.84%）、捷克（87.61%）、斯洛文尼亚（84.67%）、斯洛伐克（82.25%）和塞尔维亚（81.70%），排名最末的是北马其顿（58.22%）。增幅最大的前 3 个国家分别是希腊（55.9%）、波黑（30.6%）和斯洛文尼亚（23.2%），表明 2012—2021 年中国出口产品种类正好是这些国家进口快速增长的部门，中国出口产品种类对该国进口产品种类的覆盖率上升，双边贸易结构更加匹配。对克罗地亚的广度边际下降 6.6%，表明克罗地亚进口产品中对来自中国的产品种类需求下降。

从出口增长的深度边际来看，2012—2021 年中国出口中东欧 14 国的深度边际平均从 9.46%增长至 11.68%，增幅为 23.47%，表明中国出口中东欧 14

国的产品在中东欧14国进口世界同种产品种类中所占的比重上升，中国产品相对于世界其他同种类型产品在中东欧市场的竞争力上升。从国别来看，2012年，中国出口中东欧14国的贸易增长深度边际最高的5个国家分别是捷克（14.27%）、黑山（12.43%）、波兰（10.68%）、克罗地亚（10.58%）和塞尔维亚（10.4%），对保加利亚的出口增长深度边际最低，为5.24%。2021年，深度边际排名前5的国家分别是捷克（19.08%）、波兰（16.48%）、斯洛文尼亚（15.19%）、塞尔维亚（15.06%）和黑山（14.64%），排名最末的是克罗地亚（5.71%）。增幅最大的前3个国家分别是斯洛文尼亚（91.6%）、波兰（54.3%）和保加利亚（53.1%），表明2012—2021年中国出口产品在这些国家的竞争力上升，占该国进口同种类产品的比重上升较快。对克罗地亚的深度边际下降46%，表明中国产品在克罗地亚市场的竞争力下降，克罗地亚更多地从中国以外的市场进口。

二、中东欧14国出口中国的二元边际分析

表16.2显示了2012—2021年中东欧14国出口中国的贸易增长二元边际结构。从份额来看，中东欧国家由于体量较小，其出口占中国进口的份额较低，2012年平均仅占中国进口份额的0.05%，2021年这一比重提高到0.09%，绝对值虽然较小，但增长幅度可观。从国别角度来看，2012年，中东欧国家产品在中国占据市场份额最高的5个国家分别是斯洛伐克（0.2%）、捷克（0.13%）、匈牙利（0.128%）、波兰（0.11%）和保加利亚（0.05%）；2021年，中东欧国家产品在中国占据市场份额最高的5个国家分别是斯洛伐克（0.28%）、捷克（0.23%）、波兰（0.21%）、匈牙利（0.21%）和罗马尼亚（0.13%）。增长幅度最大的3个国家分别是塞尔维亚（516.7%）、克罗地亚（225%）和罗马尼亚（160%）。黑山和阿尔巴尼亚在中国的市场份额下跌。

从出口增长的广度边际来看，2012—2021年中东欧14国出口中国的广度边际平均从31.40%增长至36.65%，增幅为16.72%，表明中东欧14国出口

中国的产品种类贸易额占中国进口世界总额的份额上升。从国别来看，2012年，中东欧14国出口中国的贸易增长广度边际最高的5个国家分别是波兰（52.6%）、匈牙利（52.52%）、捷克（52.4%）、罗马尼亚（47.2%）和斯洛伐克（44.02%）。黑山对中国的出口增长广度边际最低，为1.23%，表明中国进口包含黑山出口产品种类的贸易额仅占中国进口世界产品总额的1.23%，黑山出口中国产品的种类较为单一。2021年，广度边际排名前5的国家分别是罗马尼亚（55.28%）、波兰（54.63%）、捷克（52.11%）、匈牙利（50.04%）和斯洛伐克（47.91%），排名最末的是波黑（7.76%）。增幅最大前三个国家分别是黑山（751.2%）、波黑（63.0%）和希腊（49.5%），表明2012—2021年上述国家出口产品种类正好是中国进口快速增长的部门，该国出口产品种类对中国进口产品种类的覆盖率上升，双边贸易结构更加匹配。对匈牙利的广度边际幅度下降4.7%，对捷克和北马其顿的广度边际略有下降，其他国家均对中国出口广度边际上升。

表16.2　中东欧14国出口中国的二元边际结构　　单位:%

中东欧14国出口中国	2012年			2015年			2018年			2021年		
	份额	广度	深度	份额	广度	深度	份额	广度	深度	份额	广度	深度
阿尔巴尼亚*	0.008	18.70	0.040	0.008	15.75	0.050	0.005	22.53	0.020	0.006	24.99	0.020
保加利亚	0.050	34.26	0.140	0.050	38.47	0.120	0.050	40.08	0.130	0.070	38.60	0.170
北马其顿	0.010	14.54	0.050	0.010	16.45	0.050	0.002	20.60	0.010	0.010	14.50	0.100
波黑	0.001	4.76	0.030	0.003	7.07	0.050	0.004	6.78	0.050	0.005	7.76	0.070
波兰	0.110	52.60	0.210	0.160	56.45	0.290	0.170	54.89	0.310	0.210	54.63	0.380
黑山	0.001	1.23	0.100	0.001	2.39	0.060	0.002	5.80	0.030	0	10.47	0.004
捷克	0.130	52.40	0.250	0.170	56.55	0.290	0.210	55.68	0.370	0.230	52.11	0.430
克罗地亚	0.004	24.84	0.017	0.007	32.99	0.020	0.010	34.60	0.030	0.013	32.55	0.039
罗马尼亚	0.050	47.20	0.110	0.080	51.53	0.150	0.100	50.46	0.200	0.130	55.28	0.240
塞尔维亚	0.006	23.66	0.024	0.008	22.17	0.036	0.010	18.96	0.056	0.037	35.08	0.100
斯洛伐克	0.200	44.02	0.460	0.130	50.50	0.260	0.250	48.78	0.500	0.280	47.91	0.590
斯洛文尼亚	0.014	39.79	0.035	0.017	45.74	0.040	0.028	46.25	0.060	0.024	45.71	0.050
希腊	0.024	29.10	0.080	0.017	33.64	0.050	0.030	43.87	0.060	0.040	43.51	0.080

续表

中东欧14国出口中国	2012年			2015年			2018年			2021年		
	份额	广度	深度	份额	广度	深度	份额	广度	深度	份额	广度	深度
匈牙利	0. 128	52. 52	0. 240	0. 171	52. 97	0. 320	0. 200	51. 86	0. 390	0. 210	50. 04	0. 410
中东欧14国均值	0. 050	31. 40	0. 130	0. 060	34. 48	0. 130	0. 080	35. 80	0. 160	0. 090	36. 65	0. 190

注：*表示阿尔巴尼亚2021年的统计数据缺失，这里使用的是其2020年度的数据。

资料来源：根据UN-comtrade整理计算而得。

从出口增长的深度边际来看，2012—2021年中东欧14国出口中国的深度边际平均从0. 13%增长至0. 19%，增幅为46. 15%，表明中东欧14国出口中国的产品在中国进口世界同种产品种类中所占的比重上升，中东欧产品相对于世界其他同种类型产品在中国市场的竞争力上升。从国别来看，2012年，中东欧14国出口中国的贸易增长深度边际最高的5个国家分别是斯洛伐克（0. 46%）、捷克（0. 25%）、匈牙利（0. 24%）、波兰（0. 21%）和保加利亚（0. 14%）；2021年，对中国出口深度边际排名前5的国家分别是斯洛伐克（0. 59%）、捷克（0. 43%）、匈牙利（0. 41%）、波兰（0. 38%）和罗马尼亚（0. 24%），排名最末的是黑山（0. 004%）。增幅最大的前3个国家分别是塞尔维亚（316. 7%）、波黑（133. 3%）和克罗地亚（129. 4%），表明2012—2021年这些国家出口产品在中国竞争力上升，占中国进口同种类产品的比重上升较快。阿尔巴尼亚和黑山对中国出口产品深度边际下降，表明其产品在中国市场的竞争力下降，不敌来自其他国家的同类产品。

第二节　中国—中东欧贸易互补性分析

一、中国对CEE-14国的贸易互补性

双边贸易互补性反映了进出口双方供需的匹配程度，A国出口世界的结构同B国进口世界的结构越匹配，则称A国对B国的贸易互补性越大。一般而言，中国对中东欧的贸易互补性越高，越有利于中国对中东欧国家的出口，

反之亦然。我们用中国对全球出口产品中各类产品的比重与中东欧国家进口世界同类产品的比重重合部分来衡量（具体计算公式见第一章）贸易互补性的强弱。中国与中东欧双边贸易互补性结果如表 16.3 所示。

表 16.3　2012—2021 年中国出口对 CEE-14 国进口的贸易互补性

	2012 年	2013 年	2014 年	2015 年	2016 年	2017 年	2018 年	2019 年	2020 年	2021 年
阿尔巴尼亚*	0.466	0.479	0.508	0.552	0.577	0.548	0.557	0.553	0.534	—
保加利亚	0.481	0.483	0.512	0.524	0.552	0.532	0.548	0.559	0.566	0.574
北马其顿	0.435	0.464	0.485	0.489	0.504	0.503	0.512	0.501	0.503	0.509
波黑	0.462	0.466	0.503	0.504	0.515	0.507	0.518	0.521	0.524	0.525
波兰	0.577	0.586	0.614	0.645	0.648	0.636	0.636	0.649	0.679	0.682
黑山	0.466	0.485	0.490	0.525	0.557	0.531	0.539	0.530	0.536	0.508
捷克	0.665	0.663	0.683	0.682	0.699	0.716	0.727	0.732	0.744	0.734
克罗地亚	0.535	0.534	0.561	0.572	0.583	0.587	0.592	0.587	0.590	0.581
罗马尼亚	0.607	0.618	0.632	0.646	0.652	0.651	0.657	0.656	0.663	0.657
塞尔维亚	0.491	0.466	0.467	0.497	0.483	0.498	0.523	0.533	0.556	0.570
斯洛伐克	0.629	0.639	0.666	0.677	0.684	0.683	0.679	0.683	0.686	0.681
斯洛文尼亚	0.519	0.529	0.537	0.542	0.561	0.561	0.563	0.538	0.538	0.548
希腊	0.411	0.406	0.423	0.462	0.487	0.468	0.478	0.496	0.503	0.499
匈牙利	0.687	0.678	0.678	0.679	0.698	0.699	0.699	0.718	0.720	0.713
中东欧 14 国均值	0.531	0.535	0.554	0.571	0.586	0.580	0.588	0.590	0.596	0.599

注：* 表示阿尔巴尼亚 2021 年的统计数据缺失。

数据来源：作者根据 UN-Comtrade 数据计算而得。

从表 16.3 中可以看出：（1）2012—2021 年中国对中东欧 14 国的贸易互补性稳步上升，2021 年其均值达到 0.599，较 2012 年上升 12.8%，表明中国的产品供给能够较好地满足中东欧国家的需求。（2）从国别来看，2012 年，中国对中东欧 14 国贸易互补性最高的 5 个国家分别是匈牙利（0.687）、捷克（0.665）、斯洛伐克（0.629）、罗马尼亚（0.607）和波兰（0.577）。贸易互补性最低的是希腊，仅为 0.411。（3）2021 年，中国对中东欧贸易互补性最高的 5 个国家仍然是捷克（0.734）、匈牙利（0.713）、波兰（0.682）、斯洛伐克（0.681）和罗马尼亚（0.657），只是排序稍有变化。可以很明显地看到，十年来，中国对中东欧14国的贸易互补性实现了很大的整体提高，除希腊外，都高于0.500，表明双边贸易互补性较强。

二、CEE-14国对中国的贸易互补性

表16.4 2012—2021年CEE-14国出口对中国进口的贸易互补性

	2012年	2013年	2014年	2015年	2016年	2017年	2018年	2019年	2020年	2021年
阿尔巴尼亚*	0.377	0.361	0.356	0.335	0.336	0.311	0.341	0.352	0.350	—
保加利亚	0.589	0.574	0.581	0.580	0.581	0.579	0.581	0.612	0.592	0.589
北马其顿	0.330	0.325	0.383	0.402	0.418	0.451	0.457	0.463	0.468	0.458
波黑	0.404	0.430	0.419	0.403	0.410	0.420	0.431	0.432	0.445	0.440
波兰	0.526	0.510	0.523	0.530	0.523	0.515	0.503	0.502	0.527	0.520
黑山	0.348	0.372	0.363	0.386	0.400	0.400	0.435	0.485	0.498	0.462
捷克	0.543	0.522	0.533	0.541	0.535	0.542	0.538	0.541	0.558	0.544
克罗地亚	0.505	0.527	0.534	0.534	0.532	0.541	0.539	0.530	0.539	0.558
罗马尼亚	0.532	0.513	0.547	0.555	0.574	0.580	0.572	0.567	0.575	0.567
塞尔维亚	0.467	0.465	0.465	0.474	0.502	0.511	0.514	0.526	0.551	0.552
斯洛伐克	0.593	0.566	0.573	0.558	0.548	0.557	0.529	0.511	0.513	0.497
斯洛文尼亚	0.532	0.519	0.527	0.532	0.531	0.537	0.521	0.515	0.506	0.498
希腊	0.468	0.439	0.455	0.434	0.433	0.445	0.460	0.485	0.475	0.479
匈牙利	0.615	0.602	0.594	0.584	0.593	0.603	0.603	0.615	0.636	0.637
中东欧14国均值	0.488	0.480	0.490	0.489	0.494	0.499	0.502	0.510	0.517	0.523

注：*表示阿尔巴尼亚2021年的统计数据缺失。

数据来源：作者根据UN-Comtrade数据计算而得。

从表16.4中可以看出：（1）2012—2021年中东欧14国对中国的贸易互补性也得到了较大提高，从2012年的均值0.488提高到2021年的均值0.523，提升7.17%。（2）从国别来看，2012年，中东欧14国出口对中国进口贸易互补性最高的5个国家分别是匈牙利（0.615）、斯洛伐克（0.593）、保加利亚（0.589）、捷克（0.543）和罗马尼亚（0.532）。贸易互补性最低

的是北马其顿（0.33）。（3）2021年，中东欧国家对中国贸易互补性最高的5个国家分别是匈牙利（0.637）、保加利亚（0.589）、罗马尼亚（0.567）、克罗地亚（0.558）和塞尔维亚（0.552），变化较大。整体而言，对比表16.3和表16.4可以看出，中东欧14国出口对中国进口的贸易互补性要低于中国出口对中东欧14国进口的贸易互补性，因而要改善双边贸易的不平衡，除了要加大双边贸易合作，消除贸易壁垒，提高贸易便利化程度外，中东欧各国在出口产品贸易结构上也需要进行一定的优化和调整，以提高对中国贸易的互补性。

第三节　恒定市场分析视角下的双边贸易市场绩效

CMSA的核心思想是把一国出口产品在其贸易伙伴国进口市场中的市场绩效（通常是市场份额或其变化）分解为结构效应与竞争力效应两部分之和。结构效应反映了该国产品结构是否合理或者是否适应进口国市场需要的变化，竞争力效应衡量了该国产品在目标国细分市场的竞争力的变化情况。市场份额既可以通过优化结构获得，也可以通过提高细分市场产品竞争力而获得。这两种分析方法分别从不同视角解释了市场绩效的获取模式，虽然不同但又有一定的内在联系。

一、中国产品对CEE-14国的CMSA市场绩效分解

在分期上，和多数文献一样本书采用一年的做法，即当期和初期差一个年份。这么做主要是基于CMSA模型的前提假设［如果本期研究对象国产品在贸易伙伴国的细分市场份额和上期一致，那么由此而获得的市场份额（或其变化）被称为结构效应］在一年范围内是可以接受的，而当期和初期如果时间跨度较长，则这个假设就失去了现实意义，从而其分析结果也失去了参考价值。表16.5列出了2013—2021年中国产品对中东欧14国的恒定市场绩效分解，由于篇幅限制，本表仅列出了2013年、2019年和2021年三年的数据。

表 16.5　2013—2021 年中国出口中东欧 14 国的 CMSA 绩效分解　单位：0.1%

中国出口中东欧 14 国	2013 年				2019 年				2021 年			
	份额	新品	结构	老品	份额	新品	结构	老品	份额	新品	结构	老品
阿尔巴尼亚*	4.35	1.56	4.89	-2.09	8.10	1.180	-0.02	6.94	—	—	—	—
保加利亚	-0.06	0.55	54.99	-55.60	4.09	0.270	1.92	1.89	3.21	0.22	1.11	1.87
北马其顿	-0.13	1.36	2.31	3.80	-0.09	0.790	0.67	0.21	-2.10	0.57	2.16	-4.83
波黑	6.74	0.75	7.44	-1.46	4.85	0.380	4.06	0.41	-1.53	2.04	-3.43	-0.14
波兰	3.71	0.06	3.86	-0.20	7.61	0.069	8.72	-1.18	3.58	0.18	-3.50	6.90
黑山	9.02	1.09	7.62	0.31	-21.30	1.030	-1.17	-1.06	-5.59	7.83	-5.81	-7.60
捷克	-3.51	0.07	-3.05	-0.54	17.19	0.120	9.99	7.08	-14.40	0.04	-20.70	6.31
克罗地亚	-36.3	0.59	7.07	-44.00	-5.16	0.360	-5.96	0.44	-10.50	0.21	-12.10	1.40
罗马尼亚	-2.57	0.14	0.73	-3.44	-0.53	0.070	-0.14	-0.46	-7.61	0.23	-5.16	-2.68
塞尔维亚	0.25	0.40	-1.75	1.59	10.07	0.650	3.92	5.51	-2.38	3.41	-3.22	-2.56
斯洛伐克	11.73	0.07	5.31	6.35	3.98	0.010	1.41	2.47	5.37	0.10	0.83	4.44
斯洛文尼亚	-4.68	0.23	2.03	-6.93	-1.11	0.150	-0.63	-0.64	55.30	0.15	38.34	16.80
希腊	0.55	0.57	-2.03	2.01	7.99	0.160	1.97	5.86	-0.32	0.57	-5.46	4.57
匈牙利	-3.41	0.05	-6.55	3.09	6.68	0.100	4.16	2.42	-8.88	0.13	-14.70	5.67
中东欧 14 国均值	-1.02	0.54	5.92	-6.94	3.03	0.380	2.06	2.14	1.09	1.21	-2.43	2.32

注：*表示阿尔巴尼亚 2021 年的数据缺失。

资料来源：作者根据 UN-comtrade 数据计算而得。

从表 16.5 中可以看出，中国出口中东欧 14 国的整体绩效，2013 年相较于 2012 年是下降的，市场份额减少 0.1%，其市场份额的下降主要来自老品竞争力的下降。2019 年，中国在中东欧市场的份额均值上升 0.3%，新品竞争力、结构效应和老品竞争力的贡献均为正数，表明该年中国出口在中东欧市场取得了较好的绩效。2021 年相较于 2020 年的市场份额上升 0.12%，但是结构效应为负数，表明 2020 年中国出口中东欧市场的产品并不处在 2021 年中东欧国家需求快速增长的产品范围内，这可能与疫情的冲击导致需求的变化有关。

二、CEE-14 国对中国产品的 CMSA 市场绩效分解

采用同样的绩效分解法，表 16.6 列出了 2013—2021 年中东欧 14 国对中国出口产品的恒定市场绩效分解，由于篇幅限制，本表仅列出了 2013 年、2019 年和 2021 年三年的数据。

表 16.6 中东欧 14 国出口中国的 CMSA 绩效分解　　单位：0.1%

中东欧 14 国出口中国	2013 年				2019 年				2021 年			
	份额	新品	结构	老品	份额	新品	结构	老品	份额	新品	结构	老品
阿尔巴尼亚*	0.042	0.0020	0.0070	0.0340	−0.001	0.0010	0	0	0.022	0	0.002	0.020
保加利亚	0.029	0.0030	−0.0500	0.0770	0.023	0.0050	−0.0300	0.047	0.007	0.005	−0.020	0.020
北马其顿	−0.020	0.0003	−0.0300	0.0070	0.048	0.0003	0.0022	0.046	0.029	0.0001	−0.001	0.030
波黑	−0.002	0.0010	0.0020	−0.0040	0.001	0.0040	−0.0010	−0.003	0.016	0.012	0.001	0.004
波兰	0.046	0.0270	−0.1380	0.1570	0.187	0.0130	−0.0360	0.210	−0.023	0.010	−0.180	0.148
黑山	−0.004	0	−0.0020	−0.0010	0.001	0.0003	0.0034	−0.003	−0.024	0.0001	−0.006	−0.018
捷克	0.017	0.0120	−0.1130	0.1180	0.164	0.0140	−0.0290	0.179	−0.225	0.022	−0.204	−0.043
克罗地亚	0.012	0.0120	−0.0020	0.0030	−0.030	0.0040	−0.0070	−0.027	0.060	0.067	−0.004	−0.002
罗马尼亚	0.080	0.0123	0.0100	0.0580	0.102	0.0160	−0.0030	0.090	0.032	0.011	−0.090	0.110
塞尔维亚	0.037	0.0070	0.0015	0.0280	0.069	0.0060	−0.0030	0.066	0.126	0.127	−0.021	0.020
斯洛伐克	−0.024	0.0040	0.1630	−0.4030	0.412	0.0060	−0.2040	0.610	−0.296	0.005	−0.218	−0.082
斯洛文尼亚	0.014	0.0080	−0.0060	0.0130	−0.029	0.0060	−0.0290	−0.007	−0.010	0.003	−0.020	0.007
希腊	−0.013	0.0150	−0.0280	0.0002	0.085	0.0080	0.0310	0.046	−0.011	0.005	−0.042	0.026
匈牙利	0.115	0.0213	−0.0300	0.1238	−0.234	0.0230	−0.0700	−0.188	0.004	0.023	−0.229	0.210
中东欧 14 国均值	0.024	0.0090	−0.0150	0.0150	0.054	0.0080	−0.0270	0.076	−0.021	0.021	−0.074	0.032

注：*表示阿尔巴尼亚 2021 年的统计数据缺失，这里使用的是其 2020 年度的数据。

资料来源：作者根据 UN-comtrade 数据计算而得。

从表 16.6 中可以看出，中东欧 14 国出口中国的整体绩效，2013 年相较于 2012 年是下降的，市场份额减少 0.0024%①。2019 年，中东欧国家在中国市场的份额均值上升 0.005%，上升幅度较大，主要贡献来自新品的进入以及

① 由于中东欧国家体量较小，其出口额占中国的进口额比重本来就小，逐年的变化数字更小，因而采用 0.1%作为单位。

老品竞争力的提升。2021 年相较于 2020 年的中东欧国家在中国的市场份额平均下降 0.002%，主要来自产品结构的负效应。从上述年份的中东欧 14 国对中国出口的绩效分解来看，中东欧国家对中国出口增长缓慢的主要原因在于其出口产品结构，中东欧国家对中国出口的产品并不是中国需求快速增长的产品，因而导致其结构效应为负。

综合上述中国—中东欧双边出口市场绩效的比较分析，可以发现 2012—2021 年双边贸易增长迅速，双方都在对方市场取得了较大的市场绩效。从二元边际分析看，广度边际和深度边际都得到了较大提高，即不仅是出口产品的种类增加，且在现有产品种类中双方在对方市场所占的份额也得到了提高。从贸易互补性分析看，双边贸易互补性十年来整体得到了较大提升，特别是中国出口对中东欧国家进口的贸易互补性提升幅度较大。中东欧国家出口对中国进口的贸易互补性虽然不及中国对中东欧，但仍然得到了较大提升，双边贸易结构匹配度上升，贸易结构得到了优化。从 CMSA 市场绩效分解来看，双边贸易结构还有进一步调整优化的空间，这需要双方加强协调合作，通过贸易投资带动贸易结构的优化升级。